赢的见识

Win insight and reason

与理性

高鸿鹏 著

团结出版社

图书在版编目（CIP）数据

赢的见识与理性 / 高鸿鹏著 . —北京： 团结出版社，2024.1
ISBN 978-7-5234-0501-7

Ⅰ.①赢… Ⅱ.①高… Ⅲ.①管理学 Ⅳ.① C93

中国国家版本馆 CIP 数据核字 (2023) 第 197186 号

出　版：团结出版社
　　　　（北京市东城区东皇城根南街 84 号　邮编：100006）
电　话：（010）65228880　65244790
网　址：http://www.tjpress.com
E-mail：zb65244790@vip.163.com
经　销：全国新华书店
印　装：天津盛辉印刷有限公司

开　本：145mm×210mm　32 开
印　张：7.25
字　数：323 千字
版　次：2024 年 1 月　第 1 版
印　次：2024 年 1 月　第 1 次印刷

书　号：978-7-5234-0501-7
定　价：49.00 元
　　　　（版权所属，盗版必究）

第九任以色列总统、以色列总理佩雷斯会见高鸿鹏

高鸿鹏访问旧金山 Coursera

高鸿鹏访问纽约纳斯达克

高鸿鹏参观波士顿富兰克林塑像

高鸿鹏参观西雅图派克市场星巴克第一家店

高鸿鹏访问新加坡经济发展局

前　言

见识与理性对所有人的重要性显而易见。见识是一个人对世界（自然、社会和思维三大领域）的所见所闻的持续探索，取决于其经历、学识以及对各类事物的认知。见识让一个人更好地理解世界，提高对世界的认知能力，特别是对环境的适应能力。理性基于一个人对世界的认知，从理性分析判断到理性行动实现目标的全过程。理性反映出一个人对事物本质和发展规律的准确理解与表达。可以概括为：见识＋理性→选择能力→行动能力→多次的选择组合叠加而成的人生。

"见识与理性"讲座共四周时间，围绕"见识""理性"两个词展开，参加者经过听讲、讨论和反复思考后对两个词有了全新的理解，学以致用后收获良多，讲座因此广受好评。本书是在原讲座的基础上补充修订而成，有从旁观者的视角对自我成长经历的反思，有对杰出人物的观察，也有文献资料的参考分析。因为是"列提纲＋畅聊"式的讲座，非严谨的学术研究，多用生活中的语言与事例，多为一己之见，恳请读者朋友批评指正。

当今时代，尤瓦尔·赫拉利预言的"从人到神"已初见端倪：从威廉·肖克利在硅谷创办半导体实验室，率先引导"硅谷"走向电子产业新时代，开启"碳基文明"走向"硅基文明"；经过惠普公司、微软公司、苹果公司、谷歌公司等的推陈出新，完成第一阶段的积累；埃隆·马斯克的"神经链接"系统，将人类大脑与计算机连接，从而实现人类与人工智能的结合；山姆·奥特曼的ChatGPT用人工智能技术驱动的自然语言处理工具，通过学习人类的语言来进行对话……

AI可能是未来的信使，将给每个人赋予一种强大的能力。ChatGPT将人类带入一个新阶段。此时此刻，赢的见识与理性变得前所未有的重要。

本书从设问开始，一个拥有千亿财富的人，在确定安全的情况下，优先做什么？从钱学森的提问到以色列的教育，为何说现金是权利证书，西雅图的雨与飞鱼，哈利·波特与iPhone，尤利西斯与塞壬的故事，《罗伯特议事规则》与创新者，最顶尖的高手拼的是什么等议题，思考从不知道到知道、从不会想到会想、从不敢做到敢做，最终达到理性的自律与进化。

希望《赢的见识与理性》对读者有所启发，重新思考人生的意义并规划人生。

阅读建议

1. 基本关系

阅读本书，请先将注意力放在思考基本关系上。基本关系指你与环境的关系。为了便于讨论，可以将人生理解为在限制条件下完成若干任务。例如，有限制条件的在超市购物，限定 1 个小时、5000 元预算不能突破、有限的信息、你可以自由发挥的空间，你在超市完成购物或者放弃。从基本关系理解人生，理解知道是见识，选对并做到是理性。

2. 相关概念

书中提到的概念，例如见识、理性、形式逻辑、批判性思维、虚假概念、想象力、规则等等，建议读者查询并更多地思考。看到陌生的名词、不确定的名词，都应该查询其定义并与自己理解的作对比。

3. 联系经历

书中的观点，建议读者联系自己的经历进行思考。用亲身经历验证，以加深理解。

4. 观察周围

书中的观点，建议读者观察周围的人进行思考。用观察到的行为进行验证，以加深理解。

5. 参加讨论

欢迎参加本书的免费同读活动。

目录

序　篇　情报　　　　　　　　　　　　　　1

第一章　故事从以色列开始　　　　　　　5

　第一节　以色列　　　　　　　　　　　5

　第二节　学校教育与读书、旅行、社交、
　　　　　做事　　　　　　　　　　　 13

　第三节　批判性思维　　　　　　　　 18

　第四节　理解人类共同面对的问题与自己的
　　　　　优势　　　　　　　　　　　 27

　第五节　掌握通用的能力　　　　　　 35

第二章　财富的起点　　　　　　　　　 45

　第一节　旧金山　　　　　　　　　　 45

　第二节　人性的真相　　　　　　　　 53

　第三节　原则的应用　　　　　　　　 62

第四节　财富的起点是见识与理性　　66

第五节　财富是结果　　72

第三章　见识　79

第一节　纽约　　79

第二节　见识少　　87

第三节　不知道：没见过、没概念、积累少　　95

第四节　不会想：范围不清楚、前后不一致、重复、漏项、顺序错误、结构混乱　　101

第五节　不敢做：陌生人、陌生事情和环境，心中无数也没底　　105

第四章　理性　113

第一节　波士顿　　113

第二节　不理性　　119

第三节　情绪化：生理、习惯、经历　　125

第四节　少算计：凭感觉、嫌麻烦、不会算　　130

第五节　不自律：不专注、拖延症、易放弃　135

第五章　想象力与好故事　141

第一节　西雅图　141

第二节　想象力　146

第三节　好故事　153

第四节　派克市场　161

第五节　星巴克　167

第六章　用规则做得更好　175

第一节　新加坡　175

第二节　用规则做得更好　181

第三节　人类文明　188

第四节　历练突破　194

第五节　改变的方法　201

后　记　213

序 篇

　　一个拥有千亿财富的人，在确定安全的情况下，优先做什么？

情报

情报一般指某种情况的知识或事实，具体是政治、经济、军事、科学技术、地理等方面经过处理的被传递的消息和报告，解决特定用户决策中具体问题所需要的特定知识和信息，多属机密。

情报对于个人和组织的安全、发展至关重要，使用情报可以优化决策，降低风险。

无论在哪个领域，情报都是极为重要的，它为决策者和普通人提供了必要的信息。丹·布朗说："情报不是真相，但它们可以帮助我们更接近真相。"[1]

《孙子兵法·用间篇》说："故明君贤将，所以动而胜人，成功出于众者，先知也。""昔殷之兴也，伊挚在夏；

---

[1] 丹·布朗（Dan Brown）是美国最著名畅销书作家之一，他的小说《达·芬奇密码》自问世以来，一直高居《纽约时报》畅销书排行榜。

周之兴也,吕牙在殷。故惟明君贤将,能以上智为间者,必成大功。此兵之要,三军之所恃而动也。"1962年,苏联在古巴部署了导弹,引发了全球性的政治危机。美国和苏联之间进行了激烈的情报战,最终苏联同意撤走导弹,避免了两国之间的核战争。古巴导弹危机,美国的优势之一就在于"先知也"。

城市某个住宅区旁边的一个蔬菜市场,去买菜的人很多,有人全部看一遍后买,有人看几家后买,有人直接到一家就买。

如果把在菜市场买菜之前先了解行情(收集情报)比作看世界长见识,有人去过大多数国家,有人去过有代表性的一些国家,有人没有出过国。

可以把见识理解为框架性的情报,有轮廓,非精准。如果没有情报(见识),没有"先知也",你如何能作出理性选择?

因此,即使是普通人也要尽可能地重视收集情报(见识),以优化决策,降低风险。

总有人相信未来学家阿尔温·托夫勒说的:"谁掌握了

信息、控制了网络,谁就拥有了整个世界。"①

那么,最顶尖的高手拼的是什么?

---

① [美国]阿尔温·托夫勒(Alvin Toffler)是最具影响力的社会思想家之一,1970年出版《未来的冲击》、1980年出版《第三次浪潮》、1990年出版《权力的转移》,称为"未来三部曲"。

第一章　故事从以色列开始

2005年，94岁高龄的钱学森躺在病床上，面对来看望他的温总理，钱学森问："为什么我们的学校总是培养不出杰出的人才？"①

第一节　以色列

说到"见识"，需要先确定一个范围，放眼世界，找出一个有代表性的国家。具体到一个国家讨论"见识"，可以让我们看得更加清楚。

我选了以色列。

---

① 温家宝在京看望季羡林和钱学森并亲切交谈，中央政府门户网站，http://www.gov.cn/ldhd/2005-07/31/content_18454.2005年7月31日，新华网。

为什么选以色列？因为以色列很特别。

为什么说以色列很特别？因为犹太人人少却获得的诺贝尔奖多。①

有一年我去以色列，从特拉维夫机场出来坐上接机的车，向市区前进。

我问开车的先生："为什么犹太人要比其他民族的人富裕？"没想到，这位犹太人没有直接回答我的问题。他反问我："请告诉我，你如何定义'富裕'？"

瞬间就感觉到犹太人的思维和我们的思维不一样。我们在讨论一个问题的时候，并不习惯先定义。我知道，有可能因为每个人对讨论的概念定义不同，讨论费时费力也很难有好的结果。

这次的对话给我留下深刻的印象，让我意识到逻辑思维是他们的文化。

（一）走近以色列

当我行走于特拉维夫、耶路撒冷等地，参观古迹、大

---

① 尽管犹太人只占世界人口的 0.2%，但自 1895 年诺贝尔奖成立以来，犹太人将 22% 的诺贝尔奖收入囊中。在 881 个诺贝尔奖得主中，至少有 196 个是犹太人。21 世纪，犹太人获得诺贝尔奖的人数比重上升，达到 28%。［以色列］丹·拉维夫，尼西姆·米沙尔：《犹太人与诺贝尔奖》，清华大学出版社，2019 年版。

学、创新中心，拜访著名学者、企业家，与青年人座谈以后，逐渐对以色列有了更多的了解。

以色列是中东地区唯一的发达国家，英特尔、IBM、微软、惠普、雅虎、Google 等全球科技巨头都在此设有研发中心。在象征着科技创新的纳斯达克挂牌的以色列企业数量仅次于美国。高科技对以色列 GDP 的贡献率超过 90%；以色列 40% 以上的人拥有大学学位，工程师比例大约为每万人 140 名（美国为 85 名），GDP 的 4.2% 用于科技研发，人均专利申请量全球第一，以色列的创新能力稳居全球前列。

以色列的创新成果遍布现代农业、纳米材料、电子通信、计算机软件、医疗技术和军工技术等多个领域。特别是生物蜂害虫防控、农业滴灌、激光键盘、个人计算机微处理器、网络电话、胶囊内腔成像、闪存驱动器、预警机和铁穹反导系统等技术世界领先。

前面提到"为什么选择以色列？因为以色列很特别"，以色列的特别之处在于以色列在全球的人口范围内占据的比例很小，但是他们在各个领域取得很多的成就，可以和钱学森之问"为什么我们的学校总是培养不出杰出的人才"

联系起来,引人深思。

(二)以色列青年

在以色列的学习不只是学生向老师的学习,还有同学之间、同事之间的互相学习,据说希伯来语当中专门有一个词汇讲同事互相学习。传统社区的学习小组一般有两三个人,其中一个人提问给另外的人,对方不只是给一个答案,他也要提出若干的问题。用这种互相提问、互相挑战的方式,学习者对学习的内容会有更加深刻的领悟。同时,希伯来语中还有一个谚语说老师从学生那里学到的东西多于学生从老师那里学到的,很像中国人说的"教学相长"。

很多以色列青年有超前意识,不将自己禁锢在别人的经验中,习惯独立思考,有批判性思维,善于提问,质疑人们熟视无睹的事情,直指复杂问题的核心。他们经常有新奇、独特的创意,更擅长创新思维。

以色列高中毕业的年轻人,如果没有残疾或需要履行的宗教义务,就必须服兵役,男性三年,女性两年。兵役到期后,可以选择继续留在军队,提升为军官,或者退役后进入大学深造。除了由 20 岁左右的年轻人组成的国防军,以色列还有40%的国防力量来自预备役。退役后的男性,在45岁之前的每年都要抽出一定的时间服役。在特拉维夫的街头,随处可见背着枪行走的以色列军人。军队生活让以色列青年学会:纪律、责任感、坚毅、领导力和团队协作。

以色列的国土面积不大,且周边多是阿拉伯国家,以色列青年在本国的土地上旅行是有限的,他们对世界怀有强烈的好奇心,渴望开启他们的世界旅行。大多数以色列退伍士兵在进入大学之前,会用半年到一年的时间周游世界,了解世界上其他地方人们的生活方式,亲眼目睹什么是成熟市场国家和新兴市场国家,什么是自由和奴役,什么是贫穷和富裕。

（三）创新创业

你有没有发现？犹太人的思想和行为不同程度地影响了我们生活的世界。

《打破常规的犹太人》的编译者曾留学以色列,说:"犹太民族是一个值得研究和值得学习的民族,这是我在以色列6年多生活的最大感受。摩西说一切都是律法,耶稣说一切都是苦难,马克思说一切都是资本,爱因斯坦说一切都是相对的，弗洛伊德说一切都是性，罗斯柴尔德说一切都是财富。"①

在没有去以色列之前，我对创新创业的理解是中国式的。在特拉维夫等地参观，与多个创新中心负责人、企业家、政府官员和青年创新者、外国投资者深入交流，了解了他们的成功案例，我逐渐看懂了以色列的创新创业。

以前在中国创业，你一定要是啥都懂的多面手。你什么都要懂、什么都要会，否则你的创业很难成功。比方说你要懂行政，要懂财务，要懂销售，要懂技术，等等。以色列的创业者，当他们有一个好的创意，就可以申请获得创新中心的项目支持，包括信息、软硬件、与各类专业人士和机构的合作以及创业管理的辅导。同时，能够从政府基金获得支持。

如果一个人有了MVP②，他可以有不同的选择，可以自

---

① ［以色列］丹·拉维夫，尼西姆·米萨尔：《塑造未来的犹太人》，清华大学出版社，2020年7月第1版。
② MVP最小化可行产品是一种方法，旨在尽可能快速、低成本地开发和测试一个概念产品或功能。它包括最小化产品、功能或特征，以减少开发和测试的时间和成本，同时获得反馈和验证概念的价值。

己把创意落地，完成MVP持续的优化迭代，也可以把他的MVP出售给感兴趣的投资者。并不像中国传统的创业者，自己有一个想法，一定是自己去创业。一些以色列创业者会把自己的想法出售，然后去捕捉新的想法。就有人不断地提出想法，但自己并不亲自去创业。这和中国传统的创业者的想法、做法是不一样的。

当一个产品的商业模式基本跑通，就会有更多风险投资人愿意给创业者注入资金。从MVP到定型产品到跑通商业模式，都有政府基金参与。如果你的想法到MVP到产品定型再到商业模式没有跑通，政府的基金不用偿还。如果你的想法、你的MVP和你的商业模式取得不同程度的成功，获得了收入就要偿还政府的基金。同时，政府的基金参与的项目要获得分成。了解细节以后，我认为这是支持创新创业非常好的模式。

因为以色列的国内市场有限，所以以色列的企业家习惯放眼世界。一个好的想法到MVP到定型产品再到跑通商业模式，一般都会有外国投资者参与，包括北美的、欧洲的、中国的投资机构都不同程度地参与了以色列创新中心的项目。有了外国投资的参与，一旦项目成功能够很快国际化发展，迅速在北美获得市场，下一步就可以 IPO[①]。

以色列人总是能放眼世界，在全球各地寻找资源和市场机会，这种跨越国界的商业眼光和以色列青年在周游世界过程中获得的见识是分不开的。

以色列人没有"标准答案"。"标准答案"会破坏我们的好奇心、求知欲和探索精神。一旦迷信"标准答案"，就会失去独立思考，迷信权威，习惯接受权威给的"标准答案"。同时，如果一个人相信自己手握"标准答案"，自然会排斥新的观点及潜在的机会。

特别是以色列青年周游世界，目睹真相，了解世界上其他地方人们的生活方式，看见什么是成熟市场国家和新兴市场国家，什么是自由和奴役，什么是贫穷和富裕。

有人说"文化即命运"，以色列人创新创业的成功，是在文化赋能（例如：包容失败，逻辑思维等）的同时设计运行了实用的规则。如同"有限责任制"，对于那些想投资、能承受一定风险的人们来说，某些制度消除了其后

---

① IPO 首次公开募股。

顾之忧，极大地激发了市场的创新热情。

第二节　学校教育与读书、旅行、社交、做事

作为一个长期以来面对自然条件恶劣、周边地缘政治环境复杂等不利条件的国家，以色列却在全世界创造了经济社会发展的奇迹，关键在于拥有一大批具有创新活力的创业型公司。

而这一现象的背后是国家教育的成功，通过这一教育体系，以色列培养出了众多既具有专业技术又善于创新创业的青年才俊，推动着以色列科技进步和经济发展，使以色列成为世界瞩目的"创新国度"。

以色列教育体系的形成是一个漫长的过程，其路径在于将创新创业理念与学校教育、军事教育、社会教育相融合，从而构造出一个覆盖全社会各个层面的生态系统。

（一）学校教育

以色列建立国家后，历届领导人普遍将教育视为以色列社会的基本财富和开创未来的关键。第一任总理戴维·本·古里安认为："没有教育，就没有未来。"第四任总理果尔达·梅厄指出："对教育的投资是有远见的投资。"

第三任总统扎尔曼·夏扎尔则强调："教育是创造以色列新民族的希望所在。"[1] 曾任以色列教育部总司长的希奥山尼博士在1994年出版的《以色列政府信仰教育》一书序言中指出："以色列国将教育作为民族优先的事业，因为我们相信，投资教育将帮助以色列维持世界上最先进国家行列的地位。"

以色列建立了从学前到大学的教育体系，同时鼓励私人投资办学，各级各类学校中私立学校和公立学校发挥优势形成各自的特色。政府实施的免费义务教育，在公立学校上学几乎不收费，私立学校的费用比较高，有大约三分之一的学生选择私立学校就读。无论是公立学校还是私立学校，全部由以色列教育部和高等教育委员会统一管理，保证了学校教育的质量和效率。

犹太社区学校教育侧重于学习和理解犹太宗教经文，学习逻辑，学习各种语言，熟练掌握听说读写。犹太社区长大的青年人有很多优势，例如通晓多种语言：母语希伯来语、旅居国家的语言以及通用的英语，因此擅长与人的

---

[1] 薛华领：《以色列教育立国之路与创新策略》，《教育研究》，2012年第11期（总第394期），146—148页。

沟通交流。

以色列青年一般都有良好的教育背景，有个人的身心训练和军事知识技能，有工程师思维，有世界旅行带来的视野，这些让以色列青年的综合素质与其他国家青年相比具有特殊的优势。

（二）读书、旅行、社交、做事

1．读书

以色列社会注重学习，读书被视为自我成长的主要方式。很多人认为通过读书，可以了解不同的观点，丰富知识和提升自我价值，有助于个人的发展。人们的阅读范围非常广泛，阅读小说、诗歌、人物传记，也乐于阅读心理学、哲学等学术著作。

除了普通公民外，以色列的政治人物也非常注重读书。前任总统佩雷斯就是一个热爱读书的人，他倡导人们通过读书增长智慧和滋养精神。

2．旅行

根据相关数据，以色列人出国旅行主要是旅游和度假，其次是商务和探亲，位居前5的出境旅行国家为：美国、希腊、塞浦路斯、意大利、法国。

其中，美国是以色列人出境旅行最热门的目的地。希腊、塞浦路斯为热门的度假胜地，意大利、法国等欧洲国家也吸引了很多以色列游客。以色列人出国旅行的目的地大多与犹太文化和历史有关，例如意大利和法国。美国吸引了不少以色列游客，可能与其全球领先的科技和商业环境有关。

以色列人周游世界，可以了解世界上其他地方人们的生活方式，看看什么是成熟市场国家和新兴市场国家，什么是自由和奴役，什么是贫穷和富裕。

3．社交

以色列人常在假期与家人聚会，共进晚餐，也会与社区的其他成员一起举行线下聚会。他们会出现在一些学习活动上，参加商业、政治、文学等方面的讲座和辩论会。

以色列青年会建立三类社会关系网，一是来自家族，二是来自学校，三是来自军营。前两者有一定的继承性，相同的社会阶层，会把人们分配到相同的环境中，而军营关系网有很大的随机性。

社交是一个人与其他人相识相处、互动交流的一种方式，可以锻炼与人打交道的能力。在社交中可以结识更多的朋友，建立良好的人际关系从而获得更多的信任和帮助。一个人在社交中受到其他人的认可，会增强自信心，激励他更加积极地面对人生。社交中可以结识不同文化、不同背景的人，了解不同的生活方式和价值观，从而拓宽视野，促进个人成长。

4．做事

做事通常指从事具体的任务并实现目标的过程。做事包括计划、实施、监控和评估环节。首先需要明确目标，根据目标做好计划并有针对性地实施，同时需要不断监控过程和评估进度，结束后进行总结，以便今后更好地完成类似的任务。

做事的能力在生活、工作和学习中都很重要，是重要的个人资产。为了培养青年人做事的能力，以色列政府制订了促进学术界和企业界合作的产学研合作计划，首席科学家机构下设有研发和技术中心，包括20多个孵化器和若干科技园区。以色列的特拉维夫大学、耶路撒冷希伯来大学和本·古里安大学鼓励学生锻炼做事的能力，与企业合作提供各个阶段的创业方案，支持学生参与相关计划。

以色列的教育是开放的教育，学习知识技能的同时重视体育运动和社会活动。因此，他们从小锻炼身体，养成好的运动习惯，在这过程中体验团队精神与成员协作。他们也会做手工，参观博物馆、政府机构、参与公益组织，学习生活技能培训，以此注重人的综合发展。从学校教育与读书、旅行、社交、做事的行为观察，在这个开放的教育过程中，学生们的好奇心、求知欲、探索精神不会被破坏、被束缚，自我驱动及目标感会随着年龄的增长越来越强烈，最终达到独立思考，用批判性思维寻找真相。他们受过好的教育，有扎实的基础知识，有做研究的方法和丰富的事例，有想象力和创造力，自然独具优势。

第三节　批判性思维

钱颖一教授说："批判性思维是对通常被接受的结论提出疑问和挑战，而不是无条件地接受专家和权威的结论。同时，是用分析性和建设性的论证方式对疑问和挑战提出解释并作出判断，而不是同样接受不同解释和判断。"[①]

有人因为没有学习过批判性思维，习惯把从书上、电

[①] 钱颖一：《批判性思维与创造性思维教育：理念与实践》，《清华大学教育研究》，第39卷第4期。

视、网络等看到听到的东西当作事实和真理，甚至有人对传说和谣言也深信不疑。批判性思维要求一个人对自己和他人的观点质疑与论证，不能对他人说的立刻相信，也要对自己看到的、听到的外来信息进行分析判断，不能盲目相信自己看到听到或者他人看到听到的。

（一）G20峰会上的对话

2022年11月14日，在印度尼西亚举行的G20峰会上，印度尼西亚教育、文化、研究和技术部长纳迪姆·马卡里姆（Nadiem Makarim）对话埃隆·马斯克（Elon Musk）。[①]

Nadiem[②]：请允许我现在就介绍一下自己，我叫纳迪姆·马卡里姆，我现在是教育、文化、研究和技术部长。但在这之前，我是一名技术企业家。我创建了印尼最大的按需服务企业之一。支付，乘车服务，食品，一些其他的

---

① https：//app.myzaker.com/news/article.php？pk=638215588e9f096acf3241fd.
② Nadiem，1984年生于新加坡，是美国布朗大学国际关系专业硕士和哈佛商学院MBA。曾在麦肯锡工作过，于2010年创办了印度尼西亚首家独角兽公司Gojek，有线上叫车、订饭、购物、支付等业务，类似印度尼西亚的滴滴、美团或支付宝业务。2019年他离开Gojek，踏入政坛，担任部长至今。

服务。我想让你知道，我是你粉丝，谢谢。你一直激励着我的许多同行和同事很多年了。如果可以，我问你几个问题可以吗？①

1. Nadiem：

第一个问题，我们这里有很多年轻人。我想，让我们很多人感到困惑的一件事是，你怎么能做这么多事？这是一个非常简单的问题，但我们很想听听，**你的生产力工具有哪些**？我们只是无法相信你做了这么多事。能不能分享一下，你是怎么做这么多事情的？

Elon Musk：

关于理解世界的工具，我认为，物理学框架是非常有帮助的。在物理学中，他们说**从第一性原理的角度思考问题**。在一个特定的情况下，你尝试理解最基本原理，然后以此推理，测试你的结论是否符合你的基本真理。在物理学中，就好像是测试你是否违反了能量守恒、动量守恒或类似的定律。然后不断尝试，来减少错误。

---

① Elon Musk with Nadiem Makarim,Full Live Interview at Kampus Merdeka Festival.G20 Indonesia 2022.YouTube.

所以你永远要假设在某种程度自己是错的,而你想减少错误。这一点我认为非常重要。这对我来说有点艰难。但对了解事情的真相很有帮助,就是说,你渴望减少错误。

2. Nadiem:

这是一个神奇的简单而有力的回答。鉴于我们在座的有很多大学生,我们想要了解一些你年轻时的情况,Elon。

我很想知道,是不是曾经有几个里程碑式的事件,发生在你的儿童或青少年时代,对于今天的你,产生了最深远的影响。如果有,能分享一下这些时刻吗?

Elon Musk:

我读了很多科幻或者奇幻的书,这并不会让人感到惊讶,我喜欢《星际迷航》《星球大战》等。事实上,《星球大战》是我在电影院看的第一部电影,你可以想象,如果看到如此惊人的一部电影,而且是第一次去影院,我想应该是6岁的时候,这对我肯定有非常大的影响。

所以,阅读和观看大量的科幻和奇幻作品。《指环王》可能是我最喜欢的书,艾萨克·阿西莫夫的《基地》系列对我的影响很大，还有罗伯特·海因莱因的《严厉的月亮》。

然后在努力寻找事物的真相。我探索了很多路径，**最终发现物理学是探索事物真相的最佳方式**。所以，如果想冒险在物理前沿打破纪录，我强烈建议先研究和学习它。

3. Nadiem：

让这些工具处于某种上下文，从而增加相关性。你认为，这种做法是否正在世界各地的教育系统中发生？你认为，从教师的角度或课程的角度，需要做出一些什么改变？

Elon Musk：

我们是否应该强迫人去通过心智障碍课程，我认为这值得商榷。**如果让我对早期教育的内容，做一个强力推荐的话，那就是批判性思维。**

批判性思维极为重要，因为它创造了一个心理防火墙，让孩子们拒绝接受那些不具说服力的概念，就像是有了一个抗心灵病毒的防御系统。

如果在年轻时就教导批判性思维，就会创建一道心理

"防火墙",避免人们在头脑中建立错误的概念。我强烈建议,在年轻的时候就教授批判性思维的原理。

4. Nadiem：

完全同意,我们刚刚在国家考试体系里,去除了基于内容科目的测试。取而代之的是：纯粹以逻辑、问题解决,批判性思维、计算逻辑也被当作基础技能,我非常高兴听到你这么说,因为这确实是真正的核心。无关乎"你知道什么",而是对于你接受到的内容和信息,应该怎么处理。

Elon Musk：

我认为广泛的教育显然是有意义的。在整个印度尼西亚建立高速互联网,将是极为重要的。**有了互联网,哪怕你只有廉价的设备和低成本的互联网接入,也可以学习一切。**麻省理工学院的很多课程,在YouTube上是免费的,所以你几乎可以在互联网上免费学习任何你想要的内容。只要你有互联网连接,有一定的教育水平,就可以从互联网上学到更多东西。

所以,我认为广泛的互联网连接是必不可少的,因为他让人们可以以自己的速度进行学习，这几乎可以学习任何东西。

埃隆·马斯克（Elon Musk）在对话中强调"第一性原理""物理学是探索事物真相的最佳方式""批判性思维""从网上学习"的价值。

（二）从第一性原理角度思考投资

古希腊哲学家亚里士多德说："在任何系统中都存在第一性原理，它是不能被省略也不能被违反的一个基本的命题或假设。"这里有三个关键点，第一个是"一个基本的命题或假设"，第二个是"不能被省略"，第三个是"不能被违反"。

巴菲特说过："投资就是投国运，投资家应该是爱国者。"

巴菲特在 2019 年致股东的信中再次表示：回顾他 77 年的投资历史，他和查理·芒格高兴地承认，伯克希尔的成功在很大程度上只是搭了美国经济的"顺风车"。

巴菲特说的"投资就是投国运"的基本命题，就是应用第一性原理的实例。投资首先是选国家，其次是选行业，再次是要选行业中的领军企业，最后是低价买进，长期持有。

从第一性原理角度思考，重点是选国家，选政治稳定、经济持续增长的国家；反之不能选那些隔三岔五军事政变的国家，也不能选那些经济衰退的国家。

巴菲特认为，那些因为各种负面新闻大头条而怀疑美国经济前景、放弃股市的人，应该想想这个国家取得的成就。他说："1942年对美国股市投入的100万美元到现在（77年时间）将变成52亿美元。如果投资者为了寻求'保护'放弃股市购买黄金，那么他的获益将缩水99%。"

（三）从第一性原理角度思考电动汽车的电池

最初，电池成本高是马斯克研发电动汽车的挑战，市场上储能电池的价格大约是每千瓦时600美元，如果要用85千瓦电池则价格高达5万美元，大部分人认为电池的成本不可能降太多。马斯克把问题进一步分解，要搞清楚电池的组成到底有哪些材料。发现电池组成包括碳、镍、铝的一些聚合物，从伦敦金属交易所购买这些原材料组合在一起，电池成本只需要每千瓦时80美元，远远低于市面上的每千瓦时600美元。从第一性原理的角度搞清楚了问题的基本事实和本质，马斯克并没有去买现成的电池改进，而是分析它的组成部分,采用新的电池排列技术,经过很多次实验,最终让电池成本大幅下降。

清华大学经济管理学院院长钱颖一与特斯拉和 SpaceX 创始人、学院顾问委员会委员马斯克于 2015 年 10 月 22 日在清华经管学院的一场对话中,马斯克反复强调"反直觉思维"(counter-intuitive thinking)和物理学"第一性原理"(first principles)对他的影响。他从量子力学中受到启发,悟出"反直觉思维"有意义。他推崇物理学"第一性原理思维",一种刨根问底、追究最原始假设和最根本性规律的思维习惯,并以此对比人们通常使用的"类比"式思维习惯,是一种"走捷径"的思维方式,是他的批判性思维。[1]

一个人在现代社会接受的大多是间接知识,即使他在实践中获得的直接知识也普遍受到已有的其他间接知识的影响,有可能越来越习惯于盲信。加上现代传说和谣言不断借助科学技术的概念与术语进行诠释,使它们比以往的任何谣言都更具迷惑性和煽动性,也给一个人的认知带来

---

[1] 钱颖一:《批判性思维与创造性思维教育:理念与实践》,《清华大学教育研究》,第 39 卷第 4 期。

严重的危害。批判性思维要对被接受的结论提出质疑，而不是无条件地接受。马斯克认为"批判性思维极为重要，因为它创造了一个心理防火墙，防止人们在头脑中建立虚假的概念"。笛卡尔同样认为只有通过思考和怀疑才能得到正确的结论，而不是通过信仰、偏见、传统或权威的认同得到结论。

因此，有必要尽早学习批判性思维。

第四节 理解人类共同面对的问题与自己的优势

如果一个人想要为人类做出贡献，成为钱学森说的杰出人才，那就要理解人类共同面对的问题。

人类共同面对的问题，包括：全球变暖，空气、水、土壤等环境资源污染导致的生态破坏和健康问题。全球各地存在很多贫穷和落后的地区，许多人在贫困线以下生活，缺乏基本的教育、卫生保健和社会保障。人口增长和农业生产的工业化、商业化、化学化等给食品安全带来了很大挑战，出现了包括农药、肉类激素、转基因等问题。公共卫生和疾病预防，例如新冠肺炎、艾滋病、结核病等传染病，以及癌症、心血管疾病等慢性疾病等。科学技术发展的伦理问题，例如基因编辑、人工智能等新科技的发展给社会带来了许多伦理和社会问题，要妥善处理和规范。国际冲突和人权问题，包括恐怖主义、战争、种族歧视等问题，对全世界的稳定和人权保障构成威胁。

（一）理解人类共同面对的问题

2022年1月17日—21日，2022年世界经济论坛（又称达沃斯论坛）视频会议举行。在新冠肺炎疫情延宕反复、世界经济沉疴未去、新忧不断的大背景下，"世界形势"成为今年会议探讨的主题。

联合国秘书长古特雷斯在世界经济论坛视频会议上指出，因为新冠肺炎疫情、供应链、通胀等因素，全球经济复苏在急剧放缓，威胁联合国2030年议程和可持续发展目标的实现。

世界经济论坛新闻公报显示，本次会议议程主要围绕新冠肺炎疫情、第四次工业革命、能源转型、气候变化、可持续发展和全球经济展望等十个议题。报道称，受访者主要关注三个领域：社会凝聚力继续瓦解，越来越多的人陷入生存危机，以及应对气候变化的措施进展不够快，同时将极端天气事件、生物多样性丧失、传染病、环境退化、资源稀缺、债务危机和地缘经济对抗一并列为十大风险。受访者表示，所有问题的解决方案是更多的国际合作。[①]

世界经济论坛主席布伦德呼吁："在这个分裂的世界中，我们需要全球解决方案。"

（二）发现自己的优势与善用工具

1. 发现自己的优势：菲尔普斯的游泳能力

迈克尔·菲尔普斯（Michael Phelps），美国职业游泳运动员。

2000年悉尼奥运会，15岁的菲尔普斯获得200米蝶泳的第5名。

2001年，16岁的菲尔普斯打破了200米蝶泳世界纪录。

2003年巴塞罗那世界游泳锦标赛，菲尔普斯获得6块奖牌。

2004年雅典奥运会，菲尔普斯获得6枚金牌，2枚铜牌。

2008年北京奥运会，菲尔普斯获得8枚金牌，成为单

---

① https://cn.weforum.org/.

届奥运会夺取金牌最多的选手。

2011年上海世界游泳锦标赛，菲尔普斯夺得200米蝶泳冠军。

2012年伦敦奥运会，菲尔普斯获得4枚金牌。

2016年里约奥运会，菲尔普斯收获了自己的第23枚奥运会金牌。

2016年12月2日，迈克尔·菲尔普斯正式宣布退役。他是奥运会历史上游泳项目夺得金牌最多的选手。[1]

迈克尔·菲尔普斯的经历表明，发现自己的优势非常重要。同时，要知道自己的优势是不是真的有用，这个有用是指在现实中能够解决问题。

如何发现自己的优势？一般是尝试完成某项任务后进行验证；或者借助一些测试工具，识别自己的优势以及学习如何能让自己的优势更强，例如瑞·达利欧的网页列出若干工具可以用来测试识别各类特质。[2]

2. 善用工具：阿基米德的杠杆

"力学之父"阿基米德是古希腊伟大的哲学家、数学家、

---

[1] 迈克尔·菲尔普斯（Michael Phelps），维基百科网站。
[2] 《原则》测试，https://principlesyou.com/。

物理学家、发明家，是静力学与流体静力学的奠基人。

阿基米德有一句广为流传的名言："给我一个支点，我就能撬动地球。"

物理学中，将一根在力的作用下能够绕固定点转动的硬棒称为杠杆。构成杠杆的五大要素有支点、动力、阻力、动力臂和阻力臂。支点指的是杠杆围绕转动的点，通常用字母 O 表示；动力是使杠杆转动的作用力，用 F1 表示；阻力指的是阻碍杠杆转动的作用力，用 F2 表示；动力臂是支点至动力作用线的距离，用 L1 表示；阻力臂是支点至阻力作用线的距离，用 L2 表示。

杠杆原理在日常生活以及工作中被广泛应用。杠杆可以分为三种：省力杠杆、费力杠杆和等臂杠杆。当 F1＜F2、L1＞L2 时，杠杆成为省力杠杆，常用到的工具类似起子、扳手、撬棒等都属于省力杠杆。"四两拨千斤"的俗语就是对省力杠杆的极致描述。每天用的筷子、镊子、鱼竿等都是费力杠杆。费力杠杆虽然费力，但是动力移动距离比阻力移动距离小，省了距离。当 F1=F2、L1=L2 时，此时的杠杆是等臂杠杆，代表物品有天平以及公园、游乐场常见的跷跷板。

财富、权力、名声本质上也是一种杠杆的应用，产品也是。比尔·盖茨、史蒂夫·乔布斯和埃隆·马斯克便是用产品杠杆解决人类共同面对的问题，获得了成功。

（三）比尔·盖茨、史蒂夫·乔布斯和埃隆·马斯克的成功

1. 比尔·盖茨

1975年，比尔·盖茨和保罗·艾伦创建了微软公司，著名的BASIC语言诞生了。微软"Microsoft"是由"Microcomputer"和"software"组成。"Micro"来自microcomputer"微型计算机"的缩小，"soft"来自software"软件"的缩写。

1985年Windows系列的第一款产品，Microsoft Windows 1.0诞生了。1995年发行了Windows 95。这一款电脑系统可以说是跨时代的作品，它具有更加稳定、强大、快速的用户操作界面。微软让繁杂的计算机指令变成小学生都能做到的"点击""选择"等基本操作，这为计算机的普及立功，更改变了世界。

2. 史蒂夫·乔布斯

1976年，史蒂夫·乔布斯与沃兹和龙·韦恩（Long Wayne）合作，苹果公司诞生，同年推出世界上第一台个

人电脑"Apple I"。当时的计算机价格昂贵、体积庞大笨重，主要应用在商业领域。"Apple I"便宜到成本仅 200 多美元，是能放在手提箱中方便携带的个人计算机，创新的产品颠覆了大众对电脑的认知。

现在电脑的原型，从硬件到操作系统，全部都是乔布斯设计的，至今也没有发生过大的改变。乔布斯颠覆了 6 个产业，给人类开创了一个新的科技时代，引领了电脑、手机、平板电脑等的潮流，他的伟大程度可以与爱迪生发明电灯相媲美，他们都凭借一己之力改变了世界并能永载史册。

3．埃隆·马斯克

埃隆·马斯克 12 岁时，编码了一款名为 Blastar 的视频游戏，并以 500 美元的价格卖给了一家电脑杂志公司。马斯克的第一家公司 Zip2 是第一家互联网地图服务公司，他们使用 GPS 数据帮助消费者找到附近的商机——这是 MapQuest 的前身。从 http：//X.com 到特斯拉到 SpaceX，他是机器人、太阳能、加密货币、气候、脑机植入物和地下隧道等领域的创新者。

比尔·盖茨用他的个人计算机操作系统 Windows、办公系统 Office，解决了人类面对的一些共性问题；乔布斯的苹果系统是用 iPad、iPhone 新概念和已有的技术重新整合解决了人类面对的一些共性问题；埃隆·马斯克的邮件支付、特斯拉电动汽车和猎鹰火箭，同样是解决了人类面对的一些共性问题。

他们三位的成功有共同点，那就是能够理解人类共同面对的某些问题与自己的优势。正因为他们从两个方面有清晰准确的理解，一方面是理解人类共同面对的问题，另一方面是理解自己的优势（包括他们拥有的资源和技术以及通过合作可以得到的资源和技术）。他们把人类共同面对的某些问题与自己的优势有效对接，从想法到 MVP（最小可行性产品）到定型的产品，到跑通商业模式，再到影响世界。

知道是见识，做到是理性。理解人类共同面对的问题，理解自己的优势，例如，菲尔普斯的游泳能力，比尔·盖茨、史蒂夫·乔布斯和埃隆·马斯克的商业天赋，他们都能善用工具做到从知道到做到的跨跃。

第五节　掌握通用的能力

世界经济论坛所发布《未来就业报告》，随着科技应用面的扩大，一半的劳动力需要在 2025 年之前完成技能重塑。预计到 2050 年，8500 万个岗位会因人类和机器劳动分工的改变而消失。但是也会产生多达 9700 万个更加适应全新的人、机、算法劳动分工的岗位。在此，提出 2025 年十大技能[①]：

1. 分析思维与创新能力

2. 主动学习和学习策略能力

3. 复杂的问题解决能力

4. 批判性思维与分析能力

5. 创意、主动性与原创能力

6. 领导力和社会影响力

7. 技术的使用与监测能力

8. 技术设计与编程能力

9. 弹性、灵活性和压力承受能力

[①] 世界经济论坛，https://mp.weixin.qq.com/s/yOTvn1Br13x3XU3t_erzPw。

10. 推理、解决问题和构思能力

由此可见，掌握通用的能力对一个人形成自己的竞争优势与解决问题是非常重要的。

一、通用的能力

（一）母语

语言可以促进人际交流，准确表达自己的思想、情感和需求，从而更好地与他人沟通。

听、说、读、写是四项基本技能，良好的听力可以更好地理解信息；良好的口语可以准确地表达思想；良好的阅读能力可以顺利获取信息与更好地理解知识；良好的写作技能可以更好地表达自己的观点。

母语的掌握似乎不难，但这是错觉。如果没有接受好的教育，你未必在母语上能达到高水平。因为日常生活中用到的大多是短语，无法验证你的听、说、读、写能力。一些人会被短语误导，认为自己母语是高水平。其实，应该对自己的母语能力进行测试，例如，听时长2小时的演讲把你理解的写出来，阅读万字长文把你理解的写出来，把若干个重要的思想演讲给听众，用一篇万字长文把你对某件事情的观点写出来。

（二）逻辑

权威组织机构和重要文献把逻辑的地位放得非常之高。

联合国教科文组织把基础学科分为：数学、逻辑学、天文学与天体物理学、地球科学与空间科学、物理学、化学、生命科学。大英百科全书提出有五类基础学科：第一是逻辑，第二是数学，第三是科学（自然科学、社会科学和技术科学），第四是历史学和人文科学，第五是哲学。1953年，爱因斯坦在给斯威策的信中指出："西方科学的发展是以两个伟大的成就为基础，那就是：希腊哲学家发明形式逻辑体系（在欧几里得几何学中），以及通过系统的实验发现有可能找出因果关系（在文艺复兴时期）。"[①]

这里说的逻辑是形式逻辑。逻辑在人的思维、判断推理和科学研究方面都起着至关重要的作用，它能使得人们在生活中更准确、更有效地决策和解决问题，并推进科学

---

① 逻辑词条，维基百科网站。

研究的不断进步。

（三）外语

这里说的外语主要指英语。英语是世界上最广泛使用的语言之一。掌握英语可以帮助人们更好地融入全球化的市场，更广泛地接触学术资源从而提高研究能力。掌握英语能够更好地在海外旅行中进行交流，更多地接触世界上的文学、音乐、电影、艺术等，开拓视野，获得更好的机会。

新加坡首任总理李光耀说："在新加坡的经济发展时期，只有英语才可以帮助新加坡实现工业化和经济的现代化，每个人都知道，英语才是至关重要的经济生存的工具，而母语在当时的功能主要是用来保持民族特性和传统的价值观。在中国经济影响力逐渐攀升之时，家长学习华语华文有了新的动力，我们之前奠定下的华语基础，让很多新加坡人在掌握英语获取知识的同时，也能够广泛地和中国打交道，母语文化的保存又赋予了新加坡新兴的竞争力。跟其他地方同样要与中国交往的人群相比，语言能够为新加坡经济成功制造的动力，是显而易见的。"[1] 李光耀对语言的

---

[1] ［新加坡］李光耀：《李光耀回忆录》，译林出版社，2013年版。

重要性看得非常清楚。

（四）运动

运动有很多好处，如果一个人从小能够养成运动的习惯，不但对他的健康有利，对他精神的养成也非常重要，行动力强，吃苦耐劳，特别能坚持，不会轻易放弃。参加团体项目从心理上、技能上都能受益，还可以锻炼他的团队合作精神以及与人打交道的能力。

最好是从小就练习掌握个人的运动项目与团队的运动项目。个人的运动项目，例如日本的剑道和西方的击剑。这两项运动不仅是身体上的锻炼，也有非常重要的心理上的锻炼。同时，足球、篮球这些团队的运动项目也应该参加。应该练习一个人完成的运动项目，也要练习和别人合作完成的运动项目。

（五）财务

应该从小就学习一些财务方面的知识技能，从小到大多在生活中练习，不断地丰富自己的财务知识和提高技能。特别是对现金的理解，对现金流的理解，对自由现金的理解，对资产、负债、杠杆、对冲等的理解，不论你未来要不要创业，人生都离不开财务。如果一个人对财务没有清晰的认知，也没有相关的知识技能和经验可能会面临财务风险。

（六）社交

一个人应该尽早去经历体验社交。从不同场景的社交中去拓宽自己的视野，结交不同性别、不同年龄、不同文化背景的朋友，能够通过对比他人理解自己，理解不同文化下多样的人。社交有助于提高理解能力，有助于理解复杂社会，理解人类面对的共同问题。通过多年的历练，好的社交能力在人生道路上带来好的运气和好的收益。你能够找到合作者，能够通过合作拿到你没有的资源，通过不断地交换获得你想要的结果以及早日实现你的梦想。

二、人的正确思想是从哪里来的

阅读这两篇文章，有助于我们更好地理解见识与理性。

（一）《人的正确思想是从哪里来的》[①]

1.《人的正确思想是从哪里来的》

这篇文章是作者在修改《中共中央关于目前农村工作中

---

① http://dangjian.people.com.cn/n/2015/0316/c117092-26697670.html.

若干问题的决定（草案）》时增写的一段文字，全文连同标题总共才 1069 字，它却被誉为作者哲学理论的集大成之作。

2．文章的关键所在

正确的思想——哪里来？——判断标准。

（1）正确的思想哪里来？

从实践中来，第一次飞跃。

（2）正确的思想判断标准是什么？

实践中，第二次飞跃。注意：第一次不是完整的"正确的思想"，完整的"正确的思想"包括第一次飞跃加上第二次飞跃。

（3）批评普遍存在的错误——嘲讽

一是没想过，不知道正确的思想哪里来；二是不知道第一次飞跃；三是不知道第二次飞跃。

3．文章简明扼要地指出内容

文章说明的是：正确的思想，哪里来与判断标准，批评不知道的那些人。概括了作者在《反对本本主义》与《实践论》中的重要理论。

作者自问自答的"正确的思想"，解释:（1）正确，对应的是错误，有正确就有错误，指出正确的，就指出了错误的。（2）思想，作者说的思想，是指人们认识世界改造世界的想法，是"世界观""方法论"。换个说法，就容易理解：人正确的世界观与方法论是从哪里来的？

不用想的过于复杂，作者说的"社会实践""生产斗争，阶级斗争，科学实验"，前面两个可以理解为"工作生活，人与人关系"，"科学实验"好理解，可以看作"创新"。这里说的世界，包括自然界、社会、思维三大领域。世界观是人们对整个世界（自然界、社会、思维）总的看法或根本观点。世界观决定方法论。用世界观指导认识问题、解决问题，就是方法论。

两个关键所在，务必注意：（1）第一次飞跃，是从真实的工作学习生活中来的，不是闭门造车、自己想出来的，来自客观世界。（2）第二次飞跃，是把想法用来做事，指导工作学习生活，是检验（验证），成功了才是。检验后，证明想法和事实是一致的。

可以把这篇文章理解为三句话：

第一，回答了一个问题。

第二，解释了两次飞跃。

第三，批评了普遍存在的错误。

（二）想进化就要突破极限承受痛苦[①]

《想进化就要突破极限承受痛苦》的作者达利欧回答了人生三个基本问题：

第一，人生取决于选择结果的累加，所有人必须从自身找原因，理解"二三级效应"，正视自己的错误与缺点，找到避免错误和解决问题的方法。

第二，遵循宇宙规律，自身利益与社会利益结合，创造价值获得社会回馈。

第三，聚焦在个人思维瓶颈的突破，主要在学习能力和适应能力，提高判断作出选择的能力。

钱学森之问的反思是国家层面的，我们的反思是一个家庭如何培养出人才？一个人如何将自己培养成为人才？

反思钱学森之问，可以从以色列等处获得启发，例如："标准答案"会破坏我们的好奇心、求知欲和探索精神，失去独立思考，盲目迷信权威；必须看到世界的真相；要有好

[①] https://ishare.ifeng.com/c/s/7oLgUIrAxqR.

的文化与实用的规则，要有开放的教育，学校教育与读书、旅行、社交、做事相结合，特别是从小历练做事能力的教育；要掌握"批判性思维"，对你接收的信息质疑，学会用物理学探索事物真相，从"第一性原理"的角度思考问题；理解人类共同面对的问题和自己的优势，善用工具，特别是杠杆；掌握通用的能力，包括母语、逻辑、外语、运动、财务、社交；理解人的思想是从实践中来，完成第一次飞跃和第二次飞跃才是完整的；理解一个人想进化就要突破极限承受痛苦，接受人生取决于选择结果的组合叠加，必须从自身找原因，遵循宇宙规律，聚焦在个人思维瓶颈的突破。

一个家庭要培养出人才或者一个人要将自己培养成为人才的答案就在见识与理性，见识意味着知道，理性意味着正确选择并且做到。

第二章　财富的起点

> 领袖和跟风者的区别就在于创新。创新就是把各种事物整合到一起。有创意的人只是看到了一些联系，然后总能看出各种事物之间的联系，再整合形成新的东西。
>
> ——史蒂夫·乔布斯　美国苹果公司创始人

第一节　旧金山

旧金山是美国西海岸最有影响力的城市之一，也是引领世界科技创新的城市之一。

San Francisco，译作"圣弗朗西斯科"，又译"三藩市"，旧金山临近世界著名的高新技术产业区硅谷，是世界最重要的高新技术研发基地。旧金山是美国加利福尼亚州太平洋沿岸港口城市，是世界著名旅游胜地，也是联合国的诞生地（1945年《联合国宪章》）。

旧金山属亚热带地中海气候，拥有享誉世界的旧金山湾区、金门大桥和渔人码头，气候冬暖夏凉、阳光充足，临近众多美国国家公园（如约塞米蒂国家公园）和加州葡萄酒产地纳帕谷，被誉为"最受美国人欢迎的城市"。

为什么关注旧金山？

因为旧金山是创新之城、财富之地，湾区诞生出谷歌、微软、英特尔、苹果、特斯拉等全球知名的高科技公司。

（一）斯坦福大学、加利福尼亚大学伯克利分校和旧金山大学

旧金山及周边有三所大学很有代表性，分别是斯坦福大学、加利福尼亚大学伯克利分校和旧金山大学。

1. 斯坦福大学

斯坦福大学（Stanford University），位于美国加州旧金山湾区南部帕罗奥多，临近硅谷（Silicon Valley），是私立研究型大学。斯坦福大学于1885年成立，1891年开始正式招生。具有务实、创业精神的校训为：Die luft der Freiheit weht（原文是德文，英文为 The wind of freedom blows），译为

"自由之风劲吹"。大学网站有这样一段文字:"Stanford was founded almost 150 years ago on a bedrock of societal purpose. Our mission is to contribute to the world by educating students for lives of leadership and purposeful contribution; advancing fundamental knowledge and cultivating creativity; and accelerating solutions and amplifying their impact."[①]

世界大学学术排名多年来都一直将斯坦福大学列作世界第二。斯坦福大学与加州大学伯克利分校共同构成美国西部的学术中心。斯坦福大学的技术许可办公室将大学的知识产权和项目商业化,是创建公司并将其发明授权给公司最成功的大学之一,经常被当作技术转让的典范。

2. 加利福尼亚大学伯克利分校

加利福尼亚大学伯克利分校所在的土地是 1866 年由私立的加利福尼亚学院(College of California)所买下的,于 1868 年 3 月 23 日在加州奥克兰市成立了加利福尼亚大学(University of California)。学校于 1869 年 9 月开始招生。1873 年,学校搬迁至奥克兰附近的新地址,加州大学

---

① https://www.stanford.edu/.

理事 Frederick H. Billings 提议，为了纪念 18 世纪的哲学家 George Berkeley，在校名中加入"Berkeley"。校训取自《圣经》"Let There Be Light"，译为：让光明普照。

20 世纪 60 年代，加利福尼亚大学伯克利分校在越南战争期间由于其学生对美国政府的抗议而全球知名。1964 年在伯克利发起的"言论自由运动"（Free Speech Movement）改变了几代人对政治和道德的看法，伯克利成为当时美国社会变革的策源地之一。同一时期，随着自由主义、反抗精神在伯克利兴起，嬉皮士文化（Hippies）在此孕育。作为世界重要的研究及教学中心之一，与旧金山南湾的斯坦福大学构成美国西部的学术中心。

3. 旧金山大学

旧金山大学（University of San Francisco），位于美国旧金山市，简称"USF"，创建于 1855 年，是一所私立综合性大学。被 Niche 评为美国最佳地理位置大学（The Best College Location in America），以商学院及计算机最为出名。

旧金山大学是美国职业发展型大学的代表，它的本科教育以创业精神著称，培养出英特尔（Intel）公司总裁、星巴克咖啡联合创始人、Adobe 创始人等众多知名企业家。

学校的商学院被《华尔街日报》评为全球最好的100家商学院之一；商业杂志《福布斯》（Forbes）将旧金山大学列为全美25所最具企业与创业精神的大学之一。

（二）大学连接公司

大学是生产知识最重要的地方，大学把知识投向工业，以科技驱动工业发展。斯坦福大学在办学过程中始终体现"实用教育"理念，注重学以致用，本着"人尽其才、物尽其用"思想，老斯坦福先生在首次开学典礼上说："请记住，生活归根到底是指向实用的，你们到此应该是为了为自己谋求一个有用的职业。但也应明白，这必须包含着创新、进取的愿望、良好的设计和最终使之实现的努力。"

大多数美国人对失败的态度很认真，他们能容忍失败，因此自愿承担一定的风险。对任何一位致力于创新的企业家来说，物质和精神的支持是同样重要的，而斯坦福的园区为创新者提供了这两种支持。例如，闻名世界的惠普公司，最早就是在斯坦福园区获得支持发展起来的。为企业家提供机遇以及对应的各种支持，使斯坦福大学和园区成为了吸引人才聚集的宝地，因为知识、人才、资金以及创业精神的聚合，诞生出一批又一批世界知名的公司。

1944年，特曼教授提出斯坦福研究园区的未来发展规划，目标是大学和公司联合起来为高科技发展、区域经济增长做出贡献，间接地为大学毕业生提供优越的就业机会。同时，结合斯坦福大学的尖端学科，把大学现有的资源集中起来吸引世界一流的研究人员，创建各种前沿性的研究所和实验室，使斯坦福大学成为工业研究与开发的中心，在优势领域重点培养"引领世界"的顶尖人才。同时，也不忽视大学的基础教育，在教学和科研的战略上将大学的二级学科视为潜在的"成长工业"的技术储备。另外，为了增强大学教授与公司合作的意愿，特别制定出在全美具有竞争力的薪酬激励，并且优先考虑可能对大学学术目标做出贡献的企业进入研究园区。

（三）创新中心：硅谷

旧金山湾区（San Francisco Bay Area），简称湾区。这是美国西海岸加州北部的一个大都会区，除了旧金山，湾区还包括旧金山南部的圣帕布罗市、圣荷塞、奥克兰和圣奥图。高科技公司的发展带动周边城市的发展，旧金山以南地区逐渐发展出新兴城市。

在旧金山可以去斯坦福、伯克利、旧金山大学看一看，参观硅谷的世界500强公司，特别是在某些领域具有代表性的公司，例如，旧金山的爱彼迎（Airbnb），这是一家全球领先的民宿公司，共享交通的优步（Uber），社交账户的推特（Twitter），脸书（Facebook），苹果（Apple）等等和我们生活工作密切相关的公司。

著名的硅谷不在旧金山，在圣荷塞周边，旧金山湾的最南部。硅谷作为全球著名的创新中心之一，代表着美国创新创业的前沿。这可能和美国西部的文化有关，一方面是对未知领域的探索精神；另一方面是伯克利的前卫与批判以及多民族文化的氛围，阳光、海滩、音乐让人彻底放松并激发灵感。

从"硅谷现象"到"硅谷奇迹"，这片位于美国加利福尼亚州北部的弹丸之地，数十年来持续不断地引领世界科技创新潮流，推动美国以及其他国家的经济发展，改变了人们的生活方式，甚至改变了整个世界。要想看懂硅谷的创新，需要了解全球科技史，理解信息论与硅时代。当我们对全球科技史有所了解，对信息论与硅时代深刻理解，就能洞察西海岸这些创新公司所取得成就的本质，为什么他们能够成为时代的宠儿，能够引领世界科技潮流。硅谷对世界的贡献，人们有着各种不同的描述和诠释。美国著名的技术史专家、华盛顿大学历史教授玛格丽特·奥马拉指出："其一是在互联网早期阶段，美国政府大力支持科技创新，推动开拓无尽的科学前沿。充满活力的技术人才释放创新能量，带来了显著的回报与成就。其二是硅谷传奇不只是商业天才的故事，也吸引了成千上万的高校研究人员、工程师、风险资本家、富有创意的设计师、世界各地的移民等，最后影响了千禧一代的年轻人。"乔布斯能够创新创业成功与他的时代环境是密不可分的，沃尔特·艾萨克森那本《乔布斯传》详细描述了对乔布斯所处时代环境的观察。

旧金山成为创新之城，首先是时代环境，其地理位置与移民历史；其次是与斯坦福大学"自由之风""实用"、伯克利大学"言论自由""嬉皮士"和旧金山大学"创业精神"等密切相关。在这里有助于理解时代环境、教育和创新的关系，各方面的相互关联与作用，以及这些对人们的行为特别是价值观念产生影响并推动奇迹发生。

在眺望金门大桥的那一刻，耳边似乎响起斯科特·麦肯齐（Scott McKenzie）唱的 San Francisco：

"If you're going to San Francisco, be sure to wear some flowers in your hair." ①

第二节　人性的真相

所有人都应该观察自我与他人，唯有如此方能理解人性的真相，才能对见识与理性的特殊价值有所顿悟。

李光耀曾经说："人性本恶，必须加以限制，制止恶的一面。虽然这样说可能令人沮丧，但我仍然这样认为。我们已经征服了太空，但还没有学会如何征服自身的原始本能和情绪，这些本能和情绪对于我们在石器时代的生存是有必要的，但在太空时代却没有必要。虽然儒家思想认为人性可以改良，但我一向认为人类就像动物一样，我不确定能否改良，但我认为可以进行训练，可以进行管教……你可以让一个习惯使用左手的人用右手写字，但你无法真正地改变其与生俱来的本能。"②

对于人性的观察会因时间、环境、文化等差异而呈现

---

① 这首歌全名《San Francisco（Be Sure to Wear Flowers in Your Hair）》，中文译为《旧金山（请在头上戴花）》。
② ［新加坡］李光耀：《李光耀论中国与世界》，中信出版社，2013年版。

出不同的形态。同时,人也会随着时间变迁和环境改变而发生变化,人性是复杂且多维度的,需要长期观察与深刻理解。但是,那些舍生取义,为了别人甘愿付出生命,无私奉献帮助陌生人的真实故事,总是让我们热泪盈眶。

(一)三本书:《自私的基因》《贫穷的本质》《原则》

理解人性的真相,至少应该了解人的自私、贫穷与人脑的缺陷。

1.《自私的基因》

了解人性的自私,推荐阅读《自私的基因》。该书作者理查德·道金斯是前牛津大学讲座教授,英国皇家学会会士。

道金斯认为,所有基因都是自私的,每个基因都有各自的利益,基因之间、基因和生物个体之间都有可能产生利益冲突。自私自利的基因,不是人类所独有的,所有的生物,不管是动物,还是植物,或者是病毒、细菌,不管是高等动物还是低等动物,也不管是有没有自我感知能力,都有着先天的自私自利的本能,这是所有生物延续自己基因的通性。生物只是基因不断制造和传播自己的一个工具而已,基因才是自然选择和自我利益实现的基本单位,而不是生物。生物终其一生,几乎所有的一切行为,都是为了延续自己的基因。

道金斯指出，人类父母之爱是最深的，其次是兄弟之爱，然后是其他亲戚的关爱，而不同的亲戚血缘关系有远近，表现出来的关心程度也会有很大的差别。人生来就自私自利，成长，恋爱，结婚生子，延续自己的基因，培育后代，然后老去，死亡，归于尘土。很多人留给世界的，只有自己的基因片段，这就是生命原本的意义。

2.《贫穷的本质》

了解人性必须面对的贫穷，推荐阅读《贫穷的本质》。

该书作者之一阿比吉特·班纳吉（Abhijit V.Banerjee），是美国麻省理工学院福特基金会国际经济学教授。曾经获得 2009 年度印孚瑟斯（Infosys）奖等多个奖项，担任过世界银行和印度政府等多家组织机构荣誉顾问。

该书作者之一埃斯特·迪弗洛（Esther Duflo），是美国麻省理工学院经济系阿卜杜勒·拉蒂夫·贾米尔扶贫与发展经济学教授。获得过 2009 年度麦克阿瑟"天才"奖学金、2010 年度获得约翰·贝茨·克拉克奖、《经济学人》杂志"八大杰出经济学家"、《外交政策》杂志"百位最具影响力思想家"等荣誉。

该书指出贫穷的主要原因：一是缺乏正确的信息来源，而往往选择相信错误的事情；二是肩负着生活中的多重压力，更难做出正确的决定；三是制度环境等原因，服务于穷人的市场正在消失，或者穷人在其中处于不利地位；四是穷人往往因短视和成见放弃长远规划；五是人性的原因，穷人的自我控制更难实现，容易自暴自弃。

书中提出"贫穷陷阱"，处于"贫穷陷阱"地带的穷人未来的收入低于今天的收入，随着时间的流逝会变得越来越穷。贫穷不仅是缺乏金钱，而是缺乏一种选择的状态，因为他们没有足够的资源来满足他们的基本需求，例如食物、住房、医疗保健和教育。缺乏选择的状态会导致贫穷的人陷入恶性循环，无法脱离贫困，因为他们没有足够的资源来改变自己的生活状况。解决贫困问题需要采取综合性的措施，包括提高教育水平、改善基础设施、增加就业机会和实施社会保障政策等。

3.《原则》

了解人脑的缺陷，一个是"本能的你"，另一个是"思维盲点"，推荐阅读《原则》。

该书作者瑞·达利欧（Ray Dalio），是美国桥水对冲基金公司创始人，2012 年，入选《时代周刊》世界 100 位最具影响力人物，并跻身《福布斯》世界前 100 名富豪行列。美国 CEO《经理人》杂志称其为"投资界的史蒂夫·乔布斯"。

（1）"两个你"在争夺对你的控制权

人脑的杏仁核是产生情绪、识别情绪和调节情绪的脑部组织。动物实验表明，刺激杏仁核首端引起逃避和恐惧反应，刺激杏仁核尾端引起防御和攻击反应。杏仁核保证对恐惧刺激作出迅速应激反应，这对包括人在内的所有生物的生存十分重要。而人脑的前额皮层，更高级的意识源于人的大脑皮层，具体说是"前额皮层"，人会通过这一部分清醒的感知自己在作决策，应用逻辑和推理。

"杏仁核"区域（简称 A 区）控制的"情绪化和潜意识的你"与"前额皮层"区域（简称 B 区）控制的"有逻辑和有意识的你"，无时无刻不在发生冲突争夺大脑的控制权。A 区和 B 区的冲突是人脑进化中的缺陷。就像看到香气扑鼻的美食，本能的那个你不需要思考第一反应就是想吃，而理性的那个你经过思考后告诉你这是高热量，劝你放弃不要吃。

（2）影响合理决策的两大障碍是"自我意识障碍"和"思维盲点"

"自我意识障碍"指你潜意识里的防卫机制，你有根植于内心最深处的需求和恐惧，例如害怕死亡，需要自己有意义，这些需求来源于大脑的一些原始部分，如杏仁核，这些区域会简单化处理事物，作出本能反应，这些区域使你产生戒备心理。例如你受到指责，多数人本能的第一反应是A区启动防卫状态进行辩解，而非运用B区进行理性思考——有可能自己真的错了。

"思维盲点"是你的思维方式会阻碍你正确看待事物，人们无法理解自己看不到的东西。色盲最终发现自己是色盲是因为他发现其他人和他不一样，如果没有比较，他永远不会知道自己是色盲。

影响我们合理决策的两大障碍是你的"自我意识障碍"和"思维盲点"，也是人脑进化中的缺陷。

三本书用不同的维度，分别从自私的基因、贫穷的本质、"本能的你"与"思维盲点"分析人性的真相。其中，自私的基因和"本能的你"与"思维盲点"主要是生理上的，贫穷的本质既有社会环境上的又有生理上的。当你理解了生理上的真相是"动物本能",社会环境的真相是"人类文明",就已经洞察到了人性的本质。

(二)人性的真相

柏拉图说:"人类的本性将永远倾向于贪婪与自私、逃避痛苦、追求快乐而无任何理性。"

无论你在地球的哪个地方生活、你是什么样的肤色、什么样的教育背景,相信你肯定听说过关于人性的各种故事。如果有一天有人告诉你,人所有欲望都是隐藏在深层次的基因的作用,美好不是人性的全部,他只是人性中的一部分或者说在特定时空下有条件的,你会如何面对这个问题?是理性地接受,还是愤怒地认为这种说法破坏了你心中的人性美好?

1. 动物本能

动物本能就是从生理上讲我们的进化直到现在以及未来很长时间都无法脱离动物属性。至少包括:

首先,是自私的基因(之前《自私的基因》中的解释)。

其次,是获取更多能量的贪婪。人性的贪婪,主要是贪多求快,欲望无穷,过度追求;急于求成,喜欢走捷径;四面出击,妄想一夜暴富;等等。一般来说,目标大了容易空，想法多了容易乱，目标难了容易放弃，做事着急容易出错，这些根源都是贪婪。

然后，是减少能量消耗的懒惰。人性的懒惰，主要是不愿意消耗身体能量，不喜欢费脑力，因此会逃避、拖延，而且逃避和拖延是容易上瘾的。懒惰就不能主动完成计划，做不到认真学习，也不会坚持做事历练自己。懒惰阻碍一个人的进步，能让人原地踏步甚至退步。拒绝懒惰，从自身做起。

2. 人类文明

人类文明指物质文明和精神文明，也包括：

首先，人类追求真善美。我们信仰真善美，渴望真善美，愿意用毕生去追求真善美的实现。"真"是事物确实存在，是与事实相符合的。人类要生存就要确认有益于自己生存的东西为真。柏拉图说，只有"善"的东西才是真的，绝对的善则是绝对的真实。"美"是对善的矫正，这意味着美的出现，真正决定善之所以为善的，不是真而是美。

其次，人类有同理心。人与人之间的相互理解，能做到站在他人的立场换位思考。既能分担他人的痛苦，也能

第二章 财富的起点

分享他人的快乐。同理心的共情使人在与他人相处的过程中享受亲情和友情。同时，理解人际关系中自己怎么对待他人，他人就怎么对待自己；想要他人理解自己，自己就要主动去理解他人；他人眼中的自己，才是真正存在的自己。学会从他人的角度看问题，并以此改进自己在他人眼中的形象。

然后，人类能够应用规则。用规则约束人的动物本能，调整人与人之间的关系，建立规则维护社会秩序让每个人的生活更加美好。

知道了人性的真相，就要面对真相，每个人应该理性地接受自己作为一个人，有美好的一面，也有自己讨厌的一面，既然存在就要面对真相并且理性接受。要理解人性的自私、动物本能与贫穷的伤害，也要理解人性的贪婪与懒惰。

理解人性的贪婪，既要看到贪婪不好的一面，也要反向思考。以曾国藩为例，他竟然立志要成为"圣人"。对大多数人来说，立志成为"圣人"就是"贪婪"。如果你"贪婪"地想要得到，没有得到的时候会痛苦得寝食不安，这种"贪婪"是你成长的动力。一些人很容易满足，没有了"贪婪"的进取心，失去赢得更多成就的可能。有原则的"贪婪"，让你做得更好。

理解人性的懒惰，既要看到懒惰不好的一面，也要从更高层面"居高临下"看人的懒惰。如何能更省时、省力，做得更有效率？如何不用亲力亲为，做好更多事情？如何用工具、方法，放大效果达到指数式增长？人通常习惯用熟悉的方法，有安全感，但却失去对更省时、省力、高效方法的尝试。挖山取土，有人用手，有人用铁铲，还有人用挖掘机，也有人用炸药……

有智慧的"懒惰者"却勤于思考，总是问有没有更好的方法，不用费时费力，但是效果更好。

第三节　原则的应用

作为指导言论和行动的规定，原则在生活中常被作为人的言行规则。有人读过瑞·达利欧的《原则》，或者在生活中也常常听别人讲原则，知道原则是要坚守不能违反的规则。

这里说的原则是人们在实践中对规律进行总结提炼出的，并不是认识事物的起点而是言行的规则，认识事物的结果并且用于指导实践。如果把原则理解为一个个具体的命题，那么用演绎推理就能够清楚地理解原则的作用以及重要性。

原则在能够正确反映客观事物及其规律时才是有用的，才可以对人的认知与实践具有指导意义。同时，因为事物的范围和层次的不同，实践验证正确的原则，也必然有相对的适用范围。另外，原则不是永恒不变的，随着事物的发展变化以及人的认知与实践的发展，原则也必然发生相对应的改变。

（一）《论语》一则

从《论语》选出一则，提炼出一个原则。

子曰："温故而知新，可以为师矣。"

孔子说："温习学过的知识，从而得到新的理解，凭借这点就可以做别人的老师了。"

说明新知识往往是在过去所学知识的基础上发展而来的，伴随着一个人阅历的丰富和理解能力的提高，定期回看以前学过的知识，总是能从中理解到新的东西。

从中可以提炼出一个原则：定期回看自己的学习记录，勤于反思头脑中的概念、判断与推理。

（二）算法

算法（Algorithm）是在一定规则下进行计算或搜索的过程，可以用来解决各种问题，例如数据排序、搜索、密码学等。在现代社会中，算法已经广泛应用于各个领域，例如机器学习、人工智能、金融分析、电子商务、社交媒体等等。

斯坦福大学计算机系博士诸葛越说："算法是打开未来世界的钥匙，是计算思维的核心概念。计算思维，简单地说就是计算机怎么解决世界的问题。它包含几个部分：把复杂问题分解成简单问题，找出重复的模式，把物理世界的信息抽象表示成计算机能够理解的信息和很多约定俗成的算法。"[1]

算法可以将它理解为解决问题的步骤。例如，用算法安排煮白粥：

1. 准备材料：糯米、水。

2. 将糯米洗净，放入空碗中，加入适量水浸泡30分钟。

---

[1] 诸葛越：《未来算法：下一个十年赢在计算思维》，中信出版社，2021年版。

3. 把碗里的糯米倒入平底锅中，加入适量水。

4. 煮白粥前的准备工作已经完成。下面，展示如何按照算法煮白粥：

第一步，将平底锅放在火炉上，大火烧开。

第二步，等水烧开后，将火调小，让粥慢煮。

第三步，定期搅拌粥，防止糯米沉在锅底，糊锅。

第四步，如果发现粥太稠，可以加适量的水，让其变稀。

第五步，等到糯米变软、米粒破裂，粥变稠时，煮粥完成。关火，把锅拿离火炉，让粥晾凉。

通过以上算法，告诉用户如何准备材料，加水，煮粥流程，以及如何调整煮粥过程中的细节，这样做出来的粥稠度、味道都是相对稳定的，如果要更改稠度可以按照算法提示适当加水，从而做出一份美味的白粥。

算法就是，由一个输入到一个输出，中间经历的步骤。从 A 到 B 有很多条路，这一条条路就是一个个从 A 到 B 的算法。一个算法的好坏可以从运行所需要的时间和所消耗的资源两个维度来判断。

如果我们把命题的演绎推理和论语一则、算法安排煮白粥联系起来，就能够得到以下结论：

第一个，命题是在一个范围内得到一个可行可靠的结论。

第二个，范围内所有的判断都是成立的。

第三个，每一个命题都可以理解为算法。

第四个，这个命题可以当作标准作为判断的依据，选择取舍。

先是用原则确定范围，界定哪些符合原则的外延；再用原则作出判断，选择取舍；然后用原则理解是什么、为什么、怎么做，拓宽认知的范围，提高思考水准及行动的能力。例如，从瑞·达利欧著作《原则》中找出相关的若干原则组合为一组，应用到生活中。

第四节　财富的起点是见识与理性

中国古人说"财是养命之源"。一个人的生存生活，财富是基础之一，其重要性不言而喻。

怎么理解"财富的起点是见识与理性"这句话？

一个人要生存生活就必须拥有财富，拥有财富的起点是一个人能够理解这个世界，并且能够把理解表达出来。

（一）对财富的误解

首先，财富是什么？

财富可以简单理解为现金。财富是对每个人都有价值，可以用来消费和投资。任何人要生存就要消耗物质，必须消耗的物质就是财富。想要更好的生活，就需要更多的财富。

一些人对获得财富有误解，例如：

认为赚钱容易。如果赚钱是容易的事情，天下就没有贫穷的人了。赚钱，几乎是所有人都在做的事情，竞争激烈程度可想而知。有人从不思考自己凭什么在人人参与的赚钱游戏中超过别人。

认为赚钱生来就会。开车、游泳、照相、炒菜等等，都需要学习，反复练习，有人从来没想过赚钱需要学习，反复练习。

认为钱是罪恶，内心排斥。

认为高学历等于高收入、能力强等于高收入，不知道高学历、能力强不等于高收入，不知道高收入不等于高净值。

认为勤劳就能致富，有人知识渊博，能力超强，但未必能赚到高于平均收入的钱。赚钱不是自己一个人的事情，赚钱受到环境的限制，也需要与他人合作。

认为拿到手的钱就可以消费，不知道自由现金。

以上，对财富的各种错误理解就是"见识少、不理性"。

（二）见识与理性是理解与表达的基础

见识的增长通常伴随着对外部世界更全面、更深入的认识。这种认识能够影响选择，因为它影响着你对各种选项的看法。有见识的人，往往能够看到更多的选择，有更多的可能性来应对机会与挑战。

理性是能够基于客观事实和分析推理进行决策和行动。理性可以让你在情绪激动的时候保持冷静，不被情绪影响分析、判断和行动。理性可以使你在复杂的现实中作出更合理、更有效的选择和行动。

第一，理解世界。

一个人如何理解世界，是最基本的也是具有决定性的。见识是你认知的范围，如果世界上重要的事物没有在你的认知范围内会怎么样？或者虽然在你的认知范围内，但是重视程度不够或理解有偏差或理解是错误的，又会怎么样？会不会影响你获得财富？

第二，向世界表达。

假如你能理解这个世界，你如何向这个世界表达？表达可以分为若干类型，难易程度因表达的方式不同而不同。不同的表达方式意味着有可能获得不同的结果。你必须在意结果，因为结果决定你的生活。

第三，理解世界的重要性以及向世界表达的重要性。

见识与理性是理解与表达的基础。见识是认知，表达是经过精准计算后的行动。只有准确地理解这个世界又能准确地行动，才有可能拥有更多的财富。

另外，数据越来越重要，获得与使用数据将决定一个人拥有多少财富。不仅拥有财富的数量，而且还有拥有财富的速度。如果你有超强的数据能力，你就能在短时间内获得规模惊人的财富。

每个人在做事的时候都需要先理解这件事情，然后做出判断。依此过程，可以将人简单分为三类：

第一类主要是用经验，称其为经验者。

第二类主要是用逻辑，称其为逻辑者。

第三类主要是自己不能作出判断，主要是听从他人的意见，称其为依赖者。

为了讲述方便，省略第三类，不讨论依赖者，主要讨论经验者和逻辑者。

经验者用自己以往的经验做判断。例如农民买耕地的牛，有一个口诀是"前过手后过斗"。看一头耕地的牛，要看它前面两腿之间距离大概是手的宽度，后面两条腿之间的距离大概是斗的宽度。经验告诉农民，如果符合这个口诀，这头牛就能够胜任耕地工作。

逻辑者会注意到被经验者忽视的地方，"前过手后过斗"是不完全归纳推理，这种简单枚举归纳推理的结论，有可能是正确的，也有可能是错误的。逻辑者会采用更可靠的方法，对这头牛能否胜任耕地工作做出判断，得到必然的结论。逻辑者，也会用概率思维做出判断。

通过经验者和逻辑者判断一头牛能否胜任耕地工作，反映出两种不同的认知。每个人可以反思自己是经验者还是逻辑者，或者是依赖者（依赖他人的意见而不是独立思考后作出判断）。

可见，认知世界，遵循规律，见识与理性是获得财富的起点。

(三) 第一桶金

第一桶金是指一个人第一次赚取的较大数额的钱,通常指人生中第一份工作或第一个商业项目的收入,在这个人的生活中起到了至关重要的作用,往往为他奠定财务基础。

见识与理性可以帮助人们获得第一桶金。拥有广泛的见识可以启发更多的思路,增强发现机会的能力。例如,了解艺术品市场的人可能比从未了解过艺术品市场的人更有机会捕捉艺术品市场中的机会。

第一桶金通常可以为一个人的生活带来更多的经济稳定性和安全感,减轻在生活上的不确定性和压力;也能够激发其追求更高目标的勇气。无论它是来自第一份工作的报酬,还是一次成功的商业项目所带来的收益,都能带来新的财务观念,为财务自由打下基础,为未来提供更多的机会。

能够正确理解财富是有见识,相反于"不知道",是知道财富是什么、为何要拥有财富以及如何拥有财富。如果一个人对财富有误解,他就很难获得财富,即使有了一些财富也会很快离他而去。就是说，一个人对财富的错误理解将会影响到其财富的拥有。

一个人获得财富是从见识与理性的改变开始，因为理解与表达是获得财富的基础。第一桶金是你成长道路上重要的里程碑，验证了你的见识与理性，记录了你的阶段性成功，是你再次捕捉人生机会的重要资源。

第五节　财富是结果

这里说的财富，特指自由现金。自由现金指在某个时间段内可以自由支配且随时取用的现金。

在个人理财中，自由现金是用于日常开销或紧急情况的现金储备，它可以用来支付生活费用，应对突发事件或抓住投资机会等。自由现金通常需要存放在流动性较高的账户中，例如储蓄账户。

有一些人对财富的理解往往忽视了两点：

忽视的第一点，对自由现金的错误理解。

忽视的第二点，错把财富当作目标。财富是"果"，要瞄准"因"行动。

（一）现金是权利的证书

可以把现金理解为权利的证书。突出现金的重要性，你有若干现金就意味着你有若干的权利，现金是颁发给你的证书，代表着你在某个时间、某个地点可以行使你的权利。当理解到现金是权利的证书，对很多事情的困惑就豁然开朗。

想一想，现金如何影响一个人的生活，从他的吃穿住行，从他的教育、社交、医疗、娱乐等等。有人讲钱解决不了长生不老，但是反过来想，如果有更多钱，活得久一些、活得好一些的概率会大大提高，如果没有多少钱，那么长寿或者生活质量更好地活着的可能性更低。

可以从四个方面去理解现金是权利的证书：

其一，现金的时间价值。

现金的时间价值是指在特定时间点拥有现金的价值，比在另一个时间点拥有同样数量的现金更有价值。这是因为现金可以在特定时间投资或者赚取利息所带来的收益。对于投资决策和财务决策来说，考虑现金的时间价值是非常重要的。

其二，现金是积蓄力量。

存储现金可以为未来的发展和不确定性做足准备。例如，突然生病、家庭紧急事件、失业等问题，都需要现金来应对。当有充足的现金储备时，可以快速地、有序地应对各种突发事件，避免因财务问题而导致进一步的损失。积累现金就是积蓄力量的一种表现，可以带来多重好处。

其三，现金是履约能力。

现金是履约能力指的是拥有足够的现金以便在约定的时间内履行合同的能力。现金作为一种普遍货币媒介，被广泛用于各种交易中，因此现金的履约能力在商业交易中非常重要。一个具有良好履约能力的人，能够增强其信誉度，获得更多的商业机会。

其四，金钱意味着有更多机会。

一个人拥有大量现金可以得到更多的经济自由，更加自由地选择自己的职业或生活方式，不必在意物质上的压力。

有大量现金可以及时支付各种费用或购买各种商品服务，比如购房、购车、旅游等，享受到更多的旅行和体验，因为人们可以支付更高费用的航班和酒店预订费用，挑选更豪华的度假方案和更多的文娱活动。如果有大量的现金储备，就可以应对紧急情况，如疾病、灾难等。企业家可以用现金来扩大他的生意版图，进一步扩大市场份额，提高利润。拥有大量现金还有机会通过参加慈善活动回馈社会，支持社区项目，帮助有需求的人。

（二）现金是创新在特定时空的结果

可以把现金在某种程度上理解为创新的结果。你要获得现金就要参与竞争，因为现金人人都想获得。要在竞争中胜出就必须创新，旧金山的那些高科技公司，能够拥有的大量技术专利与现金，主要原因是创新。

不可能所有人都能获得想要的现金数量，竞争是正常的，好的创新才会有好的结果。要理解现金是一个人在竞争中创新的结果，你有多少现金以及以哪种方式持有，取决于你的创新。

而且，现金是创新在特定时空的结果，它不是永恒不变的，是在某一个时间点、在某一个空间点能够作为一种权利的证书或者是创新结果的展示。

（三）现金是"果"，瞄准"因"行动——创新

还是要再次强调现金是结果，你要想拥有现金，就要瞄准"因"行动。中国有句谚语"种瓜得瓜，种豆得豆"，不可能种豆得瓜。

一般情况下，你想要现金，想拿到结果，就要找出获得现金的因果联系，从中找到哪些因是你必须理解的、必须行动的。

战争电影《兵临城下》(Enemy at the Gates)于2001年上映，影片背景设定在1942年，以斯大林格勒保卫战为背景，苏联的狙击手瓦西里在战场上大显神威，成为战斗英雄为故事线索。其中有段剧情是，德军派出最顶尖的狙击手科宁斯上校，两个狙击高手在斯大林格勒展开了一场决战。

通常将经过专业训练、精通侦察、伪装隐蔽技能，能够精准射击的军人称为狙击手。狙击手有三个特点：一是狙击手无法确定敌人出现的准确时间，因此要长时间潜伏在一个隐身处，等待一刹那的射击；二是狙击手要面对孤独而漫长的等待过程，寂静的等待充满惊心动魄的气氛，心理素质要好；三是狙击手要完成野外观察与追踪，进行地图、情报搜集，进入与撤退战场，基本上独立完成作战计划的拟订和准备。有人总结出狙击手思维，至少包括：在面对各种诱惑时，严格执行原则；相信少即是多；找到可以影响甚至改变决定性结果的高价值目标；保持住耐心；不断训练获得必需的能力；对周围环境随机应变；等待和把握机会。

现金是"果"，你要像狙击手那样瞄准"因"行动——创新。要想获得结果就必须选定目标。选定目标可以更好地集中精力和资源，规划必要的行动和决策，并提高实现成功的可能性。其次要做好充分的准备工作，以确保能够有效地完成任务，并在遇到难题或挑战时采取适当的应对措施。提前进入可以节省时间，缩短任务完成的时间提高效率。等待时机指选择最佳时机去采取行动，尽可能地避免不必要的风险，减少失败的可能性，同时在最佳的时间采取行动，精准出击，快速撤离，以创造最大的机会，获得最大的成功。

财富是每个人都必需的，你要获得财富就要参与竞争，直接的竞争或者间接的竞争，财富的获得几乎不可能是轻易到手不用竞争的。为了在激烈的竞争中获得胜利，必须不断地创新，就像旧金山及周边地区的创新者那样拥有见识与理性，洞察人性，掌握原则，准确理解这个世界的同时擅长向这个世界表达，快速获得第一桶金，为新一轮的竞争拿到重要的筹码。

好的见识与理性孕育好的理念，好的理念与好的资源成就好的教育，好的教育赋能好的创新，好的创新能胜出竞争而获得财富。

第三章　见识

> 人类曾经以采集食物为生，而如今他们重新要以采集信息为生，尽管这看上去有点不和谐。
>
> ——马歇尔·麦克卢汉，1964 年

第一节　纽约

你好 New York！

纽约（New York），意为"新约克郡"。1651 年爆发战争，荷兰战败后被迫将北美哈德逊河（Hudson River）边上的新阿姆斯特丹给了英国，恰逢英王查理二世的弟弟约克公爵过生日，就将新阿姆斯特丹改名为新约克郡，送给约克公爵当作礼物。

纽约、波士顿与费城，三者在 1800 年前的发展基本上持平，但在 19 世纪纽约与后两者拉开了差距，成为大西洋沿岸最重要的商埠。随着纽约人口的增多与贸易的发展，逐渐成为美国东部的经济中心。

关注纽约是为了看到现实的多样性及未来的可能性。当你走进超市准备购物，看到货架上的商品，眼睛被某个商品的外包装吸引，这种行为就表示你注意到了它的存在。一般有两种可能，一种是你迅速认出它；另一种是你从未见过，是第一次看到，无法认出。有见识就意味着你大概率能迅速认出它，知道它是什么，同时知道它对你有何用途、有无价值。能迅速认出它是因为之前你就知道它。理解纽约的多元文化，对于了解世界的多样性以及增长见识与激发想象力的效果突出。

（一）人文之城

纽约是多个有不同信仰、文化背景、价值观和习惯的群体共存于同一社会中的城市，且族群最为多元的城市。

有来自拉丁美洲、墨西哥、波多黎各、古巴、多米尼加、阿根廷等地区的音乐、饮食等方面的元素深入到纽约社会文化中。

也有来自亚洲，因亚裔移民的数量不断增加，使得纽约拥有大量的东亚、南亚、东南亚文化元素。比如,中国、日本和韩国的食品和方言在纽约都得到了广泛传播。曼哈顿唐人街是美国东海岸最大的华人社区之一,拥有丰富的中国文化,如有传统中药材市场、中国茶楼和庆祝春节的活动。

同时有来自欧洲,从意大利、爱尔兰、英国等国家的移民传承的欧洲文化在纽约也非常活跃。像纽约市曼哈顿下东区的东区小意大利社区是美国最著名的意大利社区之一,保留着浓厚的意大利传统,如意大利美食等。

还有来自非洲,由非洲移民和非裔美国人所带来的音乐,如爵士乐、摇摆舞、嘻哈等都有很强的影响力。像哈莱姆区是纽约市历史悠久的非裔美国人社区之一,通过服饰、音乐、饮食等反映出非裔美国人在纽约的生活。

纽约的丰富多彩随处可见,例如,纽约哥伦比亚大学拥有世界上最国际化的学生和教职员工群体之一,学生和教职员工来自超过100多个国家和地区,包括非洲、亚洲、欧洲和南美洲等。

多元文化让纽约成为人文之城,拥有不同文化背景人群的城市促进社会培养出多样性的杰出人才。李光耀曾经说："我们要吸引并留住人才。人才不单指聪明的读书人，还包括足球明星、网球明星、歌手、摇滚乐手等等。这样我们才有活力。一个国家的成长，必须从城市一个个建设起来。一个城市的成长，则从领域一个个建设起来。他们分析了四种人才：发明家、企业家、导师和超级导师。美国人之所以比其他人优胜，是因为他们拥有这四种人才。他们的文化能吸引人才。"

（二）资本中心

纽约是世界上最大和最活跃的金融中心之一，拥有大量的金融机构和资产管理机构，是全球重要的资本市场之一。

纽约证券交易所（New York Stock Exchange，NYSE）是世界上最具规模和影响力的证券交易所之一，成立于1792年。除了NYSE，纽约还有纳斯达克（NASDAQ）等证券交易所。其中，纳斯达克以高科技公司和新兴产业公司的上市为主。

纽约也是全球最大的外汇交易中心，每天的外汇交易量达到数万亿美元，超过了其他任何一个国际金融中心。此外，纽约还是全球最大的期货交易中心之一，拥有商品期货交易所、能源期货交易所等多个期货交易所。

纽约的金融中心地位和资本市场规模，使它在国际经济和金融体系中扮演着重要的角色，吸引着全球投资者和企业来此融资和投资。在纽约能用"心"一睹"金钱永不眠"的资本力量，全球金融市场24小时不间断地运作，每时每刻都可能有新的机会或风险出现。

（三）无所不能

纽约市分为五个行政区，布鲁克林（Brooklyn）、皇后区（Queens）、曼哈顿岛（Manhattan）、布朗克斯（Bronx）和史丹顿岛（Staten Island）。曼哈顿岛是纽约市的中心。

纽约地铁始建于1904年，是全球历史最悠久、设计最复杂的公共地下铁路系统之一，是全球唯一24小时全年无休，最繁忙和最具特色的地铁系统之一，被誉为"城市的脉搏"。在纽约地铁车站内和墙壁上可以看到各种艺术作品，如壁画、雕塑、3D打印品等，这些艺术品由来自世界各地的艺术家创作，展示了不同文化和艺术风格。纽约地铁被称为"地下音乐之都"，许多表演者喜欢在地铁车站中演出，包括乐器演奏、唱歌、舞蹈等。

纽约是全球著名的高等教育中心之一，拥有众多世界一流的大学和学院。有一些中国人熟知的大学，例如，哥伦比亚大学（Columbia University）是全球历史最悠久的大学之一，是《财富》500强企业CEO和政治精英的"摇篮"；纽约大学（New York University）被认为是世界上最杰出的私立研究型大学之一，成立于1831年；康奈尔大学（Cornell University）是美国的一所知名私立大学，位于纽约市以北的伊萨卡市；纽约州立学院（State University of New York）是美国最大的公立大学系统之一，其中纽约市分校位于布鲁克林区；还有巴纳德学院（Barnard College）、梅西大学（Mercy College）等等，分布在纽约市内外，为学生提供广泛的教育机会。

纽约是世界上重要的国际组织的总部所在地之一。联合国总部位于纽约市东边的国际区，是全球最重要的国际组织，汇集了193个成员国。世界银行总部位于纽约市的华尔街，是国际主要金融组织之一，拥有189个成员国。国际货币基金组织（IMF）总部位于华盛顿特区，但在纽约市有办公室。IMF是国际货币和金融体系的中心组成部分，拥有190多个成员国。世界贸易组织（WTO）是独立的国际组织，致力于协调世界贸易、监管国际贸易规则，也在纽约市设有展示中心。这些国际组织在政治、经济、金融和贸易等领域拥有广泛的影响力，使得纽约成为一个全球重要的中心城市。

纽约是文化艺术之都，拥有众多著名的博物馆、美术馆、艺术馆和自然馆，涵盖了艺术、历史、文化、科技等各个领域。大都会艺术博物馆（Metropolitan Museum of Art）是全球最大的艺术博物馆之一，收藏的藏品达240万件，包括埃及文物、古代艺术和印象派绘画等。自然历史博物馆（American Museum of Natural History）收藏有恐龙骨骼化石、星球大战等科学物品。现代艺术博物馆（Museum of Modern Art）是对当代艺术感兴趣的人们极具吸引力的地方，设有世界上最大的现代艺术藏品。纽约市还有卡内基音乐厅、惠特尼美国艺术博物馆、布鲁克林博物馆、缅因州美术馆等著名馆所，无论你是对自然科学、历史文化、艺术，还是对逛展览感兴趣，都会在这里找到你感兴趣的内容和风格。

纽约中央公园（Central Park）是位于纽约曼哈顿上西区的公园。中央公园占地面积843英亩（约为341公顷），由弗雷德里克·劳·奥姆斯特德和卡尔·豪尔简共同设计，为城市居民提供了一个公共休闲空间，包括人造湖、喷泉、游泳池、草坪、健身设施、溜冰场、动物园和儿童游乐设施等，其中有最著名的威廉·莎士比亚像和约翰·列侬纪念碑、融合哥德与罗马式风格的眺望台城堡、著名的贝赛斯达喷泉和很有特色的大草坪。

当你在晴朗的日子登上洛克菲勒大厦，在屋顶环绕一圈并眺望城市，从远处的天际线到俯视近处，自然有很多感悟，想象纽约这个城市的历史与当下。

纽约让你触摸到各种人不同的价值观与思考方式，从而激发想象力和开启观察世界更广泛的视角，这有助于打破思维惯性，产生新的想法和解决问题不同的方式。纽约是世界的缩影，在这里可以领略到文化多元、经济发展、政治外交的真实，进而更自然地理解现实的多样性和引领发展趋势。

请欣赏这首歌——《Empire State of Mind》[1]：

---

[1] Empire State of Mind - Jay-Z/Alicia Keys. In New York, concrete jungle where dreams are made of.There's nothing you can't do, now you're in New York. These streets will make you feel brand new.Big lights will inspire you, let's hear it for New York.New York, New York.

纽约,

摩天大楼堆砌筑成的梦想,

现在你身处纽约,

你已经无所不能,

纽约街区让你浴火重生,

纽约霓虹灯让你热血沸腾,

来吧,聆听纽约的声音,

聆听纽约的声音。

第二节　见识少

见识是什么?

见识,指见闻,见多识广,能对事物正确理解并做出判断。

见识是一个人在生长环境、接受教育、人生经历的范围内的所见所闻、亲身经历、反思积累的全部认知。至少包括物理环境、人际交往和思想空间。一个人生活的环境,能够看见的、物理的看作一个范围,包括自然界、自己以及周围的人;还有隐藏的、头脑里面的思想,从书上、优秀的人、自己亲身经历等方面获得认知和想象的空间是另一个范围。你所有知道的，都可以看作见识。经过验证的见识，是更深层次的见识。

见识少，一般指一个人的知识面窄、经验不多，缺乏对一般领域的认知，可能是缺乏外出旅行、学习机会、交友圈子等原因造成的。一个见识少的人可能会在与人交往、解决问题等方面遇到困难，因为他的思考会受到限制。因此，一个人努力拓宽知识面、不断学习是非常重要的。

见识少，一般表现在：封闭，保守，固执，盲目，偏激，自以为是，胡思乱想，优柔寡断。难以做到：头脑开放，思想自由，兼容并包，淡定与自信。常常想法简单，眼光狭隘，格局小，容易钻牛角尖，恐惧陌生的环境、人和事，习惯在熟悉的区域和朋友圈，重复熟悉的事情消磨时间，受困在自大、自卑、幻想、恐惧、听天由命的状态。

（一）见识少的小故事

这两个小故事都是真实发生过的，有可能你经历过，或者你周围有人经历过。

故事一，有一位朋友在农村建别墅，全村二三十户人，只有很窄的一条路，手机基本上没信号。在这个村子要是用手机打电话，要么开车走一段路去打，要么爬到山顶最高处跳起来，晃着手机打，就是信号不好。他建了一栋别墅，花了几百万。他的孩子在国外留学，未来肯定不回村子。村子现在的二三十户人，也要陆续搬出去，年轻人外出打工，小孩上学，老年人养老，都会离开这个村子。

故事二，在陕西参加高考的两个考生，一个报考了北京的大学，一个报考了西安的大学。他俩是同班同学，成绩也差不多，两个人的报考选择不一样。大学毕业以后，北京的大学毕业后一个月工资一万多，陕西的大学毕业的一个月工资五千多。同班同学，成绩差不多的两个人，一个去北京读的大学，一个在西安读的大学，毕业以后收入差距明显。在大学毕业之前，他们两个人的基础，学习的刻苦努力，各方面都差不多。

第一个小故事，你可以深入思考，在偏僻的农村建别墅，可能十年以后，村子就没人住了，小孩上学都出去了，青年人在外面找到工作，买房也不回去了，二三十户人的村子随着社会的发展，以后大概率是没人住了。他投资百万建的别墅，会怎么样？

第二个小故事，高中同班的两位同学，选择不同的城市，有了不同的人生。有人读大学可能在国外读，可能在北上广深一线城市读，也有可能在省会城市读，还有一些大学是在地级市读。不同的大学，在不同的城市。在你的成绩可以选择的情况下，你是选择北上广深一线城市，还是选择省会城市，还是选择在你家所在的那个地级市？熟悉的城市里面有家、有大学，如果你在这个城市的大学读，确实方便。但你想一想，同样的成绩你也可以去北京、上海，那为什么要在家所在的城市里图方便？同班两位同学的不同选择，可以带给你哪些启发？

（二）见识少的原因

1. 地理环境上

地理环境是指某个地理位置的自然环境和人为环境，包括地理位置、气候、自然资源、历史文化、经济发展等诸多因素，这些因素相互作用，对一个人的见识产生重要的影响。

地理环境中的自然资源和气候等因素会对人的见识产生影响。生活在靠近海洋的地区，可能更加关注气候变化和保护海洋环境的重要性。那些居住在极寒或酷热地区的人，可能会有更多的时间和精力来思考如何生存、如何应对极端环境等问题。处于广阔的平原相较于居住在深山或峡谷，可能会有更开放包容的心态。在城市或居住人口较多的地区，往往更容易接触到新事物、新技术和新思想。

地理环境也会影响当地的文化和经济发展等方面，经济发展的快慢、地区间的差别也会导致当地人的教育和文化水平不同，直接影响到人们的见识。

2. 见过、交往、相处过的人

一个人见过、交往和相处过的人对其影响非常显著。交往和相处过的人可以是家人、朋友、同学、同事、利益相关者等。

交往和相处过的人可能拥有比你更渊博的知识，他们可以分享自己的经验，帮助你拓宽视野。交往和相处过的人与你的情感和行为，也会影响到你的见识。

交往和相处过的人的价值观和思维方式，你们之间的互动有时会产生冲突，经过讨论和思考，也能够使你了解和扩展对问题的认识，融会贯通不同思想从而增进你对事物的理解。

3. 经历过的事情

经历过的事情对一个人的见识有着深远的影响，它能够改变一个人的认知与价值观，影响其对世界的理解。

不同的经历能够改变人的观点，让人从不同的角度去思考问题，对某些问题产生全新的认识。通过经历过程中的自我总结，一个人的独立思考能力也会得到提升。

挫折、失败、成功、快乐等，对一个人产生深刻的影响，能够让人得以改变，帮助成长，使其变得更优秀。

4. 获得的所有信息

一个人获得的信息对于其见识的增长具有非常重要的作用。信息可以来源于各种途径，例如书籍、社交媒体、新闻媒体、与人交往、经历体验等。这些信息汇聚在一起，对一个人的认知产生深刻的影响。

信息的获取可以让人接触到各种各样的内容，从而了解不同的文化、价值观等，有助于一个人更加开放、包容，更好地理解社会和尊重不同的观点。

信息可以让人更深入地了解某一个领域或概念，积累更多的知识，从而丰富自己的知识库，更好地应对复杂的环境。信息获取还能够帮助一个人学习新知识和掌握新技能，例如从互联网上学习编程技术。

5．思想

思想主要是指你的世界观和方法论。世界观是一个人基于环境、教育、经历和观察思考所形成对世界的总的看法和根本观点。用世界观认知事物并解决问题就是方法论。

一个人已有的思想对于新事物以及各类议题的认知皆有影响，已有的思想对见识形成亦有直接的作用。

你的思想，是在你的头脑中已经形成的系统，必然作用于你的见识。有人将人不同的思想比作三角形、正方形、圆形，如果某人的思想是三角形自然会用三角形来建构见识。

如果你有兴趣，可以应用这五点：1. 地理环境上；2. 见过、交往、相处过的人；3. 经历过的事情；4. 获得的所有信息；5. 思想。阅读《查理·芒格传》《史蒂夫·乔布斯传》《硅谷钢铁侠》，会有新的收获。

（三）见识少的危害

见识少，首先是没有广阔的视野。见识少的人对事物的认知不够全面和深入，很难从更广阔的角度去看待和思考问题，容易产生狭隘的看法，导致思路不够开阔，缺乏创新意识。

其次，见识少会无法应对复杂的社会环境。社会发展和变化日新月异，见识少的人可能不了解很多新兴的事物、新技术，难以适应不断变化的社会环境。见识少也对人生追求有影响，对于刚刚进入社会的年轻人来说，如果见识少，很难找到自己真正感兴趣和擅长的事情，导致迷茫和浪费时间，错失发展机会。

再次，见识少会导致缺乏社交能力。见识少的人可能会遭遇更多的社交障碍，因为他们无法理解他人的观点和利益，缺乏对人际关系的理解和处理能力，导致人际交往困难。

经过以上的分析，知道了一个人的见识，受制于生活的环境，见过、交往和相处过的人，各种经历，每天接收到的信息，以及自己头脑里的思想（可以理解为世界观、方法论、逻辑、常识等）。

"见识少"的危害可以归纳为三点：不知道，不会想，不敢做。

不知道，主要指你看不见，看不见是因为你不认识。

之前讲过一个人对"熟人"和"陌生人"的不同反应，没见过就不认识自然不知道。视而不见，听而不闻，就不存在，自然不知道。因为不知道你就不会有那些选择，人生是选择的叠加组合，缺失的选择直接破坏了你人生的高度。

不会想，指不会思考，主要是没有逻辑。就像你的榨汁机坏了，本来把水果放进去开启就能流出果汁，但坏了就无法榨汁。不会想就不能把看到的听到的进行正常思考处理。虽然你和赢家看到的、听到的一样，因为你不会想，就永远无法得到和赢家一样的答案，自然就永远无法得到赢家的成果。

不敢做，指心中没底，做不到心中有数，恐惧陌生的环境、陌生的人，没把握，怎么敢做。人们习惯上将不敢做归因为胆怯懦弱，忽视了大多数不敢做的真正原因是不知道和不会想。

开阔眼界，增长见识，对于一个人的成长非常重要。

第三节　不知道：没见过、没概念、积累少

见识少的第一个危害是不知道。这里说的不知道，主要是指没见过、没概念、积累少。

我有一个同学，他家在偏僻的农村，那里不通车。村里学校的老师给学生讲课的时候讲到红绿灯，有个学生举手问老师："老师，我没有见过红绿灯，您见过红绿灯吗？"老师沉默了好久，告诉学生，他也没见过红绿灯。

你听到这个真实的故事，会感到惊讶，我当时就不相信，反复问我的同学，他拍着胸口跟我讲绝对是真的，如果我有兴趣，可以带我去看。我给很多人都讲过，大多数人听了这个故事都表示怀疑。

你想一想，学生没见过红绿灯问老师，老师竟然也没见过红绿灯，这是什么样的见识？

（一）没见过

没见过，就是视野不开阔，见过的事物有限。视野是指一个人所能看到的范围，也可以用来表示一个人的思想境界和认知范围。它可以指个人在某个时空里所能观察到的事物、人物以及相关的信息、知识与经验。视野的开阔程度通常与个人的经历、学识、性格等有关。比如，读书多、旅行经验丰富的人视野宽广。

没见过，就是这些人和事物从来没有出现在这个人的视野中。当然，这种出现在视野中有不同的形式，有眼睛直接看到的，有从别人所说听来的，有从书上读到的，也有从自己经历中回忆想象合成的。

例如，玩过微软《帝国时代》的人知道游戏开始时，地图是被黑暗笼罩，玩家探索才能逐步打开地图，一个人在这个世界的视野和游戏中探索点亮地图同样道理。

（二）没概念

概念是对事物进行的抽象、概括和命名。概念通常表现为一个词汇，能够定义某个事物的特定属性，使人们可以更好地理解、认识和分类事物。概念是人类认识世界、思考问题的重要方式之一，从个别到一般，从现象深入本质，对于学习和实践都具有重要的作用。

概念对应事物，概念用词语表达。看到"太阳"两个字，头脑中浮现天空中的太阳；想到恒星，太阳系的中心，地球和其他行星都绕着太阳旋转，地球上的生物和植物都需要太阳光；也会想到"Sun""Sol"等英文单词。

可以把"概念"理解为：啥意思。生活中的对话，有人说出一个事物（某个东西），听的人说"啥意思？没概念"，意思是"你说的是什么？我不知道，听不懂"。

（三）积累少

知道是说对一个事物，能指定，可解读，并与相关的事物能联系。例如，有人讲曾国藩，你知道曾国藩，数据库能解读，并且能从曾国藩联系到胡林翼、李鸿章、左宗棠，联系到湘军、南京两江总督府、"天津教案"等等。

知道需要大脑"数据库"的支持，积累少是说"数据库"不行。大脑的"数据库"是一种比喻性的说法，指的是人脑内存储知识、信息、经验和技能的能力。人脑可以记录、存储并组织一个人的各种体验和知识，并将其转化为可供将来使用的形式。当需要使用这些信息时，大脑就可以快速地从"数据库"中检索出相应的信息并加以利用。积累少，在用的时候没东西，从大脑"数据库"提取不到，就会"不知道"。

很多人听过这个笑话，有几位村姑从山下挑水回村，走累了在半路上休息时聊天，聊到皇帝的女儿公主，一位村姑说："公主挑水的扁担一定是黄金做的！"

这位村姑说的话，可以从五个方面分析：

其一，之前讲"见识少"有地理环境上的原因，村姑在农村生活，没在皇宫生活过，所以说地理环境上造成她

第三章　见识

的见识少。

其二，之前讲"见识少"有你见过、交往和相处过人的原因，村姑没有办法从见过、交往过和相处过的人那里长见识，了解公主的生活。

其三，之前讲"见识少"有经历过的所有事情的原因，村姑没有经历过公主每天吃什么、做什么和哪些人在一起的事情，村姑就没有过这些经历，所以她没办法知道。

其四，之前讲"见识少"有获得的所有信息的原因，村姑可能不识字，当时又没有电视，也没有计算机和智能手机，所以她没办法获得与公主相关的信息。

其五，之前讲"见识少"有思想原因，村姑思想比较简单，她在认知系统上无法推理出公主的生活。

不知道，即你看到，你也不认识。举例来说，什么是熟人，什么是陌生人。你的眼睛就像传感器，是一个输入设备，你看到一个人，眼睛会把他的面部图像输入你的大脑存储起来，当你的眼睛再次看到这个人的时候，他的面部图像和你头脑存储的数据相吻合、匹配上了，你就认识他，能把他的名字和他这个人对上，那他就是熟人。如果你的头脑里没有存储他面部图像数据，看多少遍都无法匹配，那你就不认识他，他就是陌生人。知道才能看到，某件事情你不知道，你在社会中就看不到。如果你知道一点就能和它建立连接，通过一个信号触发你的大脑数据库就能理解。你的大脑数据库如果一点存储都没有，那就视而不见。

讲到熟人和陌生人的区别，就是见识少危害的一个现象。当你看这个世界的时候，由于你见识少，什么是机会，什么是风险，看见你也不认识，自然也不会知道。

为什么不知道？首先是由于视野过于狭小。当一个人眼睛看到的环境，经历的人和事，以及头脑认知的范围过于狭小，社会上大多数人知道的他都可能不知道。其次是没概念。当这个人对某个概念完全陌生、一知半解或者模糊不清的话，他对这个概念其实不知道。依此推理，如果他对生活中一些概念不清晰，那么他的生活自然不清晰。假设他对"吃"的理解只是"吃饱"和"口味"，没有"营养"概念，那就是一种不知道。还有积累少，如果一个人头脑的数据库不够丰富，他读一本书，对关键词就不会敏感，也不会联系到相关的概念。

第四节　不会想：范围不清楚、前后不一致、重复、漏项、顺序错误、结构混乱

见识少的第二个危害是不会想。这里说的不会想，主要是指思考没有规则，思维混乱，不会思考。

而思考决定了一个人的决策和行动，也会影响到周围的人。通过深入思考，可以更好地了解问题的本质和可能的解决方法，从而能够更有效地应对各种困难。思考可以让人更好地权衡利弊，作出明智的决策。

虽然思考是每个人都应该具备的能力，但有些人可能缺乏思考的习惯或技能，不会意识到思考的重要性，因为他没有面临过真正需要思考的挑战。思考需要勇气，有些人可能不愿意主动思考。思考需要练习，如果一个人没有相关的练习很可能没有思考能力。如果一个人对某个问题不感兴趣，他可能会选择放弃思考。有时候，一个人受到家人、朋友的刻意照顾，可能会不知不觉地依赖这种照顾，自主性的思考越来越少，也可能出于种种原因，不愿意思考。也有人对思考缺乏了解、缺少机会，以及因为训练、兴趣和生理因素等原因不会思考。

接下来,是不会思考容易犯的错误。

(一)范围不清楚

思考的范围要清楚。范围,指某件事物或事物内部的范畴,同时也可以表示外部的界限。例如,"仅限于本公司内部使用"意味着这个文件的范围只能在公司内部使用,不能公开或分享给其他人。

想和说的范围要清楚,是同一件事。你想的时候,你和别人沟通的时候,你要确定是同一件事。你和他人用一个名词,要确保你们两个对这个名词的定义(解释)是一样的。你自己想的时候,要注意你想到的名词是和词典解释是一致的,把范围界定清楚。

(二)前后不一致

思考不能前后不一致。前后一致,指一件事情在思考或表达时,始终保持相同的观点。思路保持前后一致性、清晰和稳定。

你想的事情不能前面赞成、后面反对,或者前面反对、后面赞成,那就是自相矛盾。你和别人沟通的时候也一样,不能先赞成后反对,要前后保持一致。

（三）重复、漏项

思考不重复、不漏项。不重复，指在某段时间内词语或观点不会重复进行。不漏项，指在具体任务中，每个细节都得到考虑，没有任何一个被遗漏。

想和说的时候，检查一下有没有重复、有没有漏掉。重复，例如应该是五点，你讲了七点，其中有三点是可以合并为一个点；漏项，例如应该是六个方面，你只想了三个方面，或者四个方面。需要检查，尽可能做到不重复、不漏项。

（四）顺序错误

思考顺序要正确，不能错。顺序正确，指在完成任务时，采用的过程是按照一定的逻辑关系进行。也就是说，任务中的每个步骤都要按照规定的顺序进行，以确保最终效果达到预期。

想的时候，在你头脑里面把想法检查一下，遵循顺序正确的原则，防止产生不必要的错误。人的想法和表达，顺序应该是正确的。比如说，先穿袜子后穿鞋，而不是把鞋穿上再穿袜子。

（五）结构混乱

思考的结构不能混乱，要结构清晰。你思考和表达的组织和各部分关系清晰明了，条理井然，逻辑严密，符合一定的规律。

结构清楚对于降低出错率起到重要作用。想和说，结构中的相互关系要对。分类，像是区分植物和动物；国家、省级、市级、县级，属于分层；结构还包含局部与整体关系。例如，每个人的手是人身体的一部分，手和人体，它是从属关系不是并列关系。

不会想，主要是没有掌握正确的思考方法，一是有意识的确定思考范围，避免没有界限造成混乱，例如，思考没有主题，是思考自己的事情还是别人的事情，等等；二是保持思考的稳定性，在同一概念、判断上不能前后不一致，前面否定、后面肯定，前面想工作、后面想宇宙，例如，想着运动鞋的颜色到显微镜观察头发；三是主动检查思考的不重复、不漏项，例如，一边思考一边记录，事项都完整地列举和清楚地标记，没有任何一个部分遗漏；四是写出提纲，确保思考的顺序正确，例如，以时间为序的思考，正确地按照一定的逻辑关系进行；五是画出思维导图，确保思考结构清楚，例如，对思考进行分类、分层，厘清局部与整体的相互关系，等等。

第五节　不敢做：陌生人、陌生事情和环境，心中无数也没底

见识少的第三个危害是不敢做。这里说的不敢做，是因为对某个人或某件事、环境陌生，不够了解、不清楚，所以心中无数，甚至恐惧。如果你心中没数，那你肯定不敢做。

面对陌生的人、陌生的事情和环境，由于或多或少的恐惧、不自信、缺乏经验和能力等原因，而不敢尝试或者不敢承担某个任务。对自己的能力和潜力缺乏信心，怀疑自己不能成功完成任务。害怕任务的风险，怕自己无法面对后果。舒适区意识根深蒂固，不愿意尝试新事物。习惯性思维定式，难以跳出思维框架而无法创新。

"不敢做"是一种负面心理，克服"不敢做"需要提升自己的能力，增加自己的自信心；了解任务的风险，制定相关预案，减少风险；主动分析问题，接受新事物、新环

境和新挑战，尝试新思路，克服思维定式。

（一）陌生人、陌生事、陌生的环境

1. 错误估计陌生人，估计过高或轻视

陌生人，指在某个特定时间和空间内，与自己没有任何关系的人，相互之间缺乏基本的了解。

因为对陌生人缺乏了解，甚至会因为陌生而恐惧，没有信息就无法作出正确的判断，很容易对陌生人估计过高或轻视。

2. 错误估计陌生事情、环境，估计过高或轻视

陌生事情、环境，指自己不了解的事情、环境。通常表示某些不熟悉的场景，没有信息因此无法做出正确的判断。

因为对陌生事情、环境缺乏了解，也会因为陌生而恐惧，很容易对陌生事情、环境估计过高或轻视。

对陌生人、陌生事、陌生的环境，如果不调查研究，就会心中没数也没底。

为什么有人总是逃避陌生人和陌生事情、环境？

看看以上的分析。

（二）《唐打猎》

[清]纪昀《唐打猎》原文：

族兄中涵知旌德县时，近城有虎，暴伤猎户数人，不能捕。邑人请曰："非聘徽州唐打猎，不能除此患也！"（休宁戴东原曰：明代有唐某，甫新婚而戕于虎。其妇后生一子，祝之曰："尔不能杀虎，非我子也！后世子孙如不能杀虎，亦皆非我子孙！"故唐氏世世能捕虎。）乃遣吏持币往。

归报：唐氏选艺至精者二人，行且至。至，则一老翁，须发皓然，时咯咯作嗽；一童子，十六七耳。大失望。姑令具食。老翁察中涵意不满，半跪启曰："闻此虎距城不五里，先往捕之，赐食未晚也。"遂命役导往。

役至谷口，不敢行。老翁哂曰："我在，尔尚畏耶？"入谷将半，老翁顾童子曰："此畜似尚睡，汝呼之醒。"童子作虎啸声。果自林中出，径搏老翁，老翁手一短斧，纵八九寸，横半之，奋臂屹立。虎扑至，侧首让之。虎自顶上跃过，已血流仆地。视之，自颔下至尾闾，皆触斧裂矣！乃厚赠遣之。

老翁自言练臂十年，练目十年。其目以毛帚扫之不瞬；

其臂使壮夫攀之，悬身下縋不能动。

《庄子》曰："习伏众，神巧者不过习者之门。"信夫！尝见史舍人嗣彪，暗中捉笔书条幅，与秉烛无异；又闻静海励文恪公，剪方寸纸一百片，书一字其上，片片向日迭映，无一笔丝毫出入。均习之而已矣，非别有谬巧也。

本篇选自《阅微草堂笔记》。此书共24卷，笔记小说集，清代纪昀撰。主要记自己的见闻，多为神鬼怪异故事，也间杂考辨诗评。

本篇主要内容是旌德县城郊猛虎暴伤猎户数人，只有徽州唐打猎能除虎患，县令派人去请。唐氏家族选拔了两人到达旌德县，一个老翁和一个童子，县令等人见了大失所望。作为向导的差役到了谷口，不敢再往前走，之后，进谷走了将近一半路程仍然不见虎出，唐姓童子引逗，猛虎怒吼而出。唐姓老翁手执短斧，摆好迎击架势，"虎自顶上跃过"，触斧身裂，而亡。

引用《唐打猎》的故事是为了解释见识少的第三个危害"不敢做"。为什么唐姓老翁和童子见了老虎敢上去，因为他们对老虎不陌生，足够了解，心中有数。他们对老虎的习性了如指掌，且有充分准备，苦练多年，也打过很多老虎，经验丰富。所以，唐姓老翁和童子心中有数、心中有底，就敢做。

（三）心中有数，就有底，就敢做

心中有数，意为内心清楚明白，有明确的想法和计划，知道自己要做什么，如何做，有把握完成任务。在工作、学习、生活各方面，"心中有数"都是重要的个人素质。

因为见识少，没有把事情看得清清楚楚，想得明明白白，心中没数所以就不敢做。其实很多事情，表面上看风险很大。但是对经验丰富的赢家来说，都有一套方法可以把风险降到可控范围之内，原因之一是赢家的见识比我们多。人家通过见识多解决了我们见识少看到的风险。同样一件事情，人家见多识广，把事情看透了，就知道风险并不大。由于我们见识少，一看风险很大就把自己吓住了，就不敢做，很好的机会就白白错过了。

《中国革命战争的战略问题》中这样写道：

指挥员的正确的部署来源于正确的决心，正确的决心来源于正确的判断，正确的判断来源于周到的和必要的侦察，和对于各种侦察材料的连贯起来的思索。指挥员使用一切可能的和必要的侦察手段，将侦察得来的敌方情况，各种材料加以去粗取精、去伪存真、由此及彼、由表及里的思索，然后将自己方面的情况加上去，研究双方的对比和相互的关系，因而构成判断，定下决心，做出计划——这是军事家在做出每一个战略、战役或战斗的计划之前的一个整个的认识情况的过程。①

"决心"是敢做。如果某项工作，就是你要做的事情，你对他了如指掌，心中有数，你怎么会不敢做，你肯定敢做。如果现在投资一个项目，你对这个项目也了如指掌，心中有数，你怎么会不敢投资。项目即使对别人有风险，对你来说风险也是能够把控的。反过来讲，如果你对这个项目不了解，心中无数也没底，那你肯定没把握，那就不敢做。

要在激烈的竞争中胜出，就要想尽办法增长见识，从不知道到知道，从不会想到会想，从不敢做到敢做。积极

---

① 毛泽东：《毛泽东选集（第一卷）》，人民出版社，1991年版。

主动地把重要的陌生人和陌生事情、陌生环境变成自己熟悉的。足够了解就足够熟悉，不会因为陌生而恐惧，有信心作出正确的判断，不会对陌生人和陌生事情、陌生环境估计过高或轻视。以唐打猎为例，唐姓老翁和童子对老虎的习性了如指掌，作到准备充分，所以心中有数，心中有底，就不怕且敢做。如前所述："正确的决心来源于正确的判断，正确的判断来源于周到的和必要的侦察，和对于各种侦察材料的连贯起来的思索。"如果有人总是逃避陌生人和陌生事情、陌生环境，一定是他从来没有主动去了解、去验证。

最顶尖的高手拼的是什么？

精准的叫"情报"，轮廓的叫"见识"。

第四章　理性

最弱势的人一旦具备最好的逻辑思维能力，他最终将会战胜一切。因为利用逻辑思维，他可以轻易地预知未来，计算出任何行动所产生的可能结果，从而避免致命的失误，并能寻找到方法去完成看似不可能完成的任务。

——威廉姆·斯坦利·杰文斯　英国逻辑学家

第一节　波士顿

波士顿是美国最古老的城市之一，也是美国独立战争的发源地。

1620年9月6日，一艘名为"五月花"（May Flower）的三桅帆船从英格兰西南部的普利茅斯出发，于当年11月抵达北美大陆。在航行的过程中，这些新移民订立的《五月花号公约》（The Mayflower Compact）成为美国宪法的重要渊源。

在北美十三殖民州发展的最初，英国政府对北美殖民地采取了放任政策，双方关系良好。直到1763年，英国打完了7年战争，财政紧张，为了转移战争经费，英国开始加重税赋，波士顿倾茶事件后美国独立战争爆发。

在波士顿能强烈感受到这里的人们热爱知识、追求真理的信仰以及务实行动的理性力量。人们拥有实力才能捍卫并享受自己想要的生活方式，而实力的获得需要理性。

（一）波士顿的富兰克林像

作为美国最古老的城市之一，波士顿是美国历史的摇篮。全美第一所大学在这里诞生，美国独立战争从这里开始……

长约4公里（2.5英里）的"自由之路"（Freedom Trail），是一条由红砖铺成的道路，起点始于美国最古老的波士顿公园（Boston Common），将波士顿全部16处历史文化遗迹像珍珠项链一般的串联起来。漫步于"自由之路"，能看到金顶的马萨诸塞议会大厦（Massachusetts

State House），古旧的国王礼拜堂（King's Chapel）和以美食闻名的昆西市场（Quincy Market）等著名景点。

本杰明·富兰克林塑像面带微笑而又表情庄重，是波士顿较古老的铜像之一，位于波士顿学校街的旧市政厅院内。立体全身铜像基座的四面有富兰克林功绩的四幅浮雕：第一面，他在签署美国《独立宣言》；第二面，他为发行波士顿报纸在操作印刷机；第三面，他以科学家的身份在做实验；第四面，他代表美国和法国签署和平条约。富兰克林是美国开国元勋，参与起草了《独立宣言》和美国宪法，是美国历史上第一个驻外大使并争取了法国对美国独立战争的支持。他写了多本畅销书，本人甚至成为财富的象征，被印在100美元的纸币上，是没有担任过总统却印在美钞上的人。

富兰克林理性、乐观、进取，他是努力奋斗取得成功的典范，是"美国梦"的缔造者之一，影响并改变了无数人的命运。李嘉诚称赞富兰克林为美国的伟人，用他的智慧、能力和奉献精神建立未来的社会。查理·芒格等很多杰出人物，始终以富兰克林为人生榜样。

（二）从雅典到波士顿

雅典是一座永恒的城市。作为西方文明的摇篮，雅典人所创立的民主制度，其理念从古典时代一直延续至今；雅典城的建筑，帕特农神庙、雅典卫城、雅典娜胜利神庙、阿波罗神庙等，直接影响了现代建筑的艺术形式；苏格拉底、柏拉图、亚里士多德……这些伟大的学者们开创了哲学，从此人类开始关注自身，学会理性思考。

波士顿被称为"美国雅典"，在波士顿大都会区拥有超过百所大学，超过25万名大学生在这里接受教育。多所大学历史悠久，其中：哈佛大学（Harvard University）是一所私立研究型大学，成立于1636年；麻省理工学院（Massachusetts Institute of Technology）是一所私立科技类大学，成立于1861年；波士顿大学（Boston University）是一所私立大学，成立于1839年；波士顿学院（Boston College）是一所私立天主教大学，成立于1863年；东北大学（Northeastern University）是一所私立研究型大学，成立于1898年。

高校云集让波士顿吸引了来自世界各地的一流人才，也加速了科研与商业创新。波士顿成为全美最具创新力的城市之一，从 Kendall Square 的生物科技公司创业潮到海港区的科技力量崛起,大批科技公司、创新工坊的进驻为这座城市注入了无限活力,也为当地人才提供了大量就业和实习机会。

(三)HBS 案例教学法

哈佛法学院于 1870 年最先使用案例教学,随后哈佛医学院引进使用案例教学,哈佛商学院于 1921 年正式使用案例法教学。

案例,英文 case,译为"个例""个案""实例"等。中国历史上有《春秋》《战国策》《史记》《资治通鉴》等经典,采用以事论理的形式,记载历史上重要的事件与人物,以供读者获得启发可以借鉴。古希腊思想家苏格拉底(Socrates)的"问答法"教学,根据学生所学知识,学生围绕问题先自己思考与同学讨论,师生再平等地进行讨论,教授启发学生独立思考,引导学生找到问题的有效解决办法,得出结论。柏拉图将苏格拉底的"问答法"编辑成书,通过故事来说明道理,开创了案例教学法。

1908 年,经济学家埃德温·F. 盖伊(Edwin F. Gay)担任哈佛大学工商管理学院首任院长。他在就职演讲中说:"商学院的教师应尽可能地仿效法学院所用的案例教学法,要特别强调课堂讨论,这种方法可以称之为'问题方法'(problem method)。"1921年,哈佛商学院的教授们用投票方式将"问题法"正式命名为"案例法"(case method)。1954年,正式出版了《哈佛商学院的案例教学法》和《哈佛案例目录总览》,建立了"校际案例交流中心",厘清有关概念、统一术语,并就案例教学的意义与功能达成共识。多年来,哈佛商学院案例法教学取得的成功,得到各国大学在法学、医学、工商管理教育的认可与效仿。

哈佛大学第25任校长德里克·博克说:"在大学,最明显的需要是停止对固定知识的强调,转而强调培养学生不断获取知识和理解知识的能力。这个转变意味着更加强调学术研究的基本方法,强调论述和演讲以及掌握基本语言(可能包括外国语、计算机语言和定量分析)的方法,掌握这些方法是获得大量知识的途径。"案例教学是以学习者为中心的参与式学习,答案是开放的、发展的,可能答案不止一个,教授引导学生探索,学生自己主动检索查资料,参加小组讨论发表自己的观点和挑战其他人的观点,经过多次思维碰撞和融合后作出判断,这种方式能够增进学生的"深度学习",迭代学生既有的思维方式与训练综合技能。在此过程中，重要的是"会学"，即提高了学习能力，而非"学会"多少，即只是增加了知识的记忆。同时，小组讨论、课堂辩论，能够有效锻炼学生的人际关系能力，学会尊重他人、吸引关注、建立信任、影响他人。

雅典的哲学家苏格拉底、柏拉图、亚里士多德等人的思想不仅对古代希腊的政治和社会产生影响，也对整个西方文化产生了深远的影响。从波士顿对人类文明的传承、富兰克林象征的美国精神以及哈佛商学院案例教学法，更深入地领悟理性的力量与强大。

第二节 不理性

理性是对真相及规律的洞察，面对本能情绪等人性，合理选择行为，并且自律坚持到获取结果。

处理问题按照事物发展的规律，不冲动、不凭感觉做事情，有价值观，以及"趋利避害"的本能，包括认知与事实的一致，选择上的风险利益计算，行为上的高度自律。在想、选、做三个环节的高度合理，即择优加上把握分寸以及坚持到实现，做到认知的理性、选择的理性、行为的理性。其中,认知上的理性,验证想法是否符合事实;选择上的理性,选择不情绪化最合理;行为上的理性,与认知、选择一致并根据实际调整改进提高。

不理性,通常表示一个人的想法、行为缺乏理性,由情绪、想象、偏见等不可靠的因素所主导。不理性的人可能忽视可靠的证据,只是根据自己的经验、情感来作出判断。他们可能会拒绝接受不同的观点,不愿意听取别人的建议,容易被虚假信息等所影响,忽略真实的事实和科学的数据,不能从客观的角度去看待问题。

(一)不理性的小故事

故事一,刷手机的故事。

不管你在中国的哪一个城市,周围都能够看到有空就拿出手机来刷的人。有一位青年,我见过他几次,看到他习惯性地刷手机,就问他平时做什么,他告诉我"除了上学和着急的事情外,看(刷)手机"。

春天播种,秋天收获。做事有因果关系,你今天做的一些事情,如果是给未来做准备,那你的未来会轻松也会有竞争优势,如果现在做的事情和未来没关系,那你的未来一些事很有可能是从零开始。

刷手机的故事，相信很多人都很熟悉这个场景，不用多说都明白。他是什么样的人，是什么样的状态，是什么样的想法，有没有关注现在和未来的关系，大家可以用刷手机的小故事仔细想一想，判断是否理性。

故事二，读书不用的故事。

看看你周围有没有这样的人，读书很多但从来不去用的人。这些人每天都在读书，朋友圈也发自己读书的美图，每个月要读完十多本书，而且是长期坚持读书，一年累计读书超过100本。但是，这些人读书只是读一遍，从来不会将书上的道理方法和自己的生活与面对的问题联系起来。

这些人从来没有在书上学习知识用来解决自己的问题，他们不注重学以致用，可能只是用读书缓解焦虑，或者为了给周围人展示自己的努力上进。

说到刷手机，在地铁上、街道上、写字楼、商场吃饭的时候看到周围的人都在刷手机。想一想：这些时间是用来刷手机好，还是用来做一些与你未来有因果关系的事情比较好？这给了我们一个很重要的启发，在你可以自由支配的时间中，你到底选择做什么，是刷手机吗？请仔细想一想。

说到读很多书却从来不去用，既然想让自己变得更好，愿意花钱买书，用大量时间读书，但是有没有想过应该用书上学的知识解决自己的问题？这个小故事也会给我们以启发，应该不应该学以致用，解决问题让自己的生活更好。

（二）不理性的原因

理性一般包括：认知的理性，选择的理性，行为的理性。

见识少，就很难做到认知与事实一致，在这个环节受阻，后面的选择的理性和行为的理性就很难实现。

不理性，一般表现在：急躁，冲动，感情用事，急于求成，逞一时之快。

做不到：理性计算，趋利避害，延迟满足，隐忍与坚决。往往沉迷于享乐，用打游戏、追剧、刷手机等打发时间，陷入迷茫、犹豫、拖延逃避之中。

不理性的原因主要包括以下几方面：

1. 生理上的动物本能

人脑中的颞叶负责控制记忆、语言学习、识别对象和情绪稳定，不正常通常会导致暴躁，好斗和严重抑郁，过度活跃会引起感官知觉或直觉极端化。杏仁核位于大脑的颞叶内侧，主要调节情感反应，特别是焦虑和恐惧反应。大脑颞叶区域的功能会影响人的行为，特别是在过度兴奋的状态下。其中，杏仁核是导致不理性的主要原因之一，强烈的情绪会影响人的判断，甚至可以影响基于道德和常识的选择。同时，不理性也可能源于过度自信，仅凭借经验做出判断，而不是依据客观事实。心理偏见也可能是不理性的原因，人往往更愿意接受与自己立场一致的信息，或是容易受到刻板印象和知识诅咒等的影响。还有，睡眠不足、压力等因素也可能影响大脑，造成不理性行为的发生。

2. 环境上的人类文明

人所生活的社会中存在各种规则属于人类文明，有一些人因为某种原因而无法理解和应用规则，会被认为不理性。例如，有人无法理解股票交易规则，却坚持不理性的投资最终造成资金损失。同时，盲目从众会影响人的行为，导致不理性。另外，在某些情况下，社会支持也会导致不理性，例如，教育缺失在不理性的行为方面起到一定的推动作用。不理性也可能是因为有人对其行为的说教影响，例如，领导人的一些语言、政策制定者的说服等等。为了更好地解释环境中的人类文明造成的不理性，请允许举一个不恰当的例子，即如果用"讲究卫生"的社会规则要求一只狗，会怎么样？如果一只狗经过训练，不随地大小便，它在这个点上是理性的狗。但是总有没有经过训练的狗，做不到行为符合"讲究卫生"的社会规则。做不到的这条狗，就被认为是不理性的狗。如果一个人没有经过好的教育，做不到遵守社会规则，那他的不理性就是他与环境中人类文明的冲突。

（三）不理性的危害

不理性的危害可以归纳为三点：情绪化，少算计，不自律。

生活中，常见的包括以下几方面：

不理性的人排斥证据，相信假象，根据情感判断。会排斥并忽略那些与自己观点相反的证据，只选择那些符合自己观点的证据作为支持；容易被各种虚假信息所欺骗，甚至相信一些荒唐的谎言和传说；常常以情感和感觉作为判断依据，而不是依靠逻辑和科学的证据。

不理性的人拒绝批评，盲目接受权威。往往以拒绝接受批评和反驳，甚至扭曲或否认事实，来维护自己的观点；同时过度信赖权威的意见，不加考虑地接受他人的意见。

不理性的人忽视后果，会有极端行为。通常会忽视行为的风险，不加思考地采取行动；可能会有极端的言行，常常追求刺激、冒险而不顾及安全。

不理性会影响人的判断，甚至会影响一个人的身心健康。因此，需要通过训练自己的思维能力，更理性地解决问题。

生活中不理性的例子非常多。小时候在街头看下象棋，两个人下棋时旁边总有人围观参谋。有的人不介意有人指点，有的人就特别烦围观的人指点，经常有人因为指点走棋开口骂人甚至大打出手。职场上也有很多不理性，例如，有人总是在重要会议上迟到影响团队的时间。

亚里士多德说："教育并不能改变人性，只能改良人性。"

第三节 情绪化：生理、习惯、经历

不理性的第一个危害是情绪化。

情绪是由大脑中神经元的活动引起的生理和心理的反

应,是人类生命的基本体验之一,包括快乐、悲伤、愤怒、恐惧、惊讶等。

情绪化,一般指个人在情绪上反应过于强烈,表现为情绪冲动、兴奋或激动、消极或抑郁等。当个人情绪化时,往往会在判断方面出现偏差,失去理性。在社会交往中,情绪化也可能导致冲突,影响与他人的有效交流。因此,情绪化经常被认为是不利于一个人理性的因素。

(一)生理

人体存在未进化部分与进化部分的冲突,例如,杏仁核与额叶区的冲突。

大脑中的杏仁核,可以把别人提的不同意见看作对自己的攻击。当你不习惯当众演讲的时候,你站在讲台上看到下面坐满了人,每个人的眼睛都盯着你,杏仁核就开始起作用,就会产生恐惧,呼吸困难,身体上出现一系列的生理反应,大多数人只有一个想法——赶快离开。

有这种生理反应是因为人的动物本能,在进化过程中还没有进化,这一部分现在仍然是低级的。《原则》一书中,讲有两个你,一个是情绪化的你,一个是理性的你。人脑的前额皮层的部分,负责逻辑推理,它是理性的你;杏仁核区域，它是情绪化的你。每时每刻，一个情绪化的你、一个理性的你，争夺对你的控制权。例如，上课听讲先要放松，放松以后你会舒适，舒适以后你会愉悦。你可以观察一下自己，也可以观察一下你周围的人，某个人和你在一起的时候，他是不是放松，如果他和你在一起不放松，那你们的关系是不是真正的熟悉、亲密，应该打一个问号。

比方说，一个房间里面太热，不通风或太冷，你的身体都会感觉到不舒服，这个时候动物本能就会起作用，你会感觉到烦躁，想要以最快速度离开这里。这是人的动物本能对环境的自然反应。眼睛的触景生情，你会不舒服，身体上温度、气味这些，也会让你不舒服。头脑里的杏仁核，让你判断自己受到攻击，动物本能会使你情绪化。

（二）习惯

常见的一些个人习惯，容易触发情绪化，主要有以下几方面。

饮食、运动、睡眠等生活习惯。暴饮暴食、饥饿、高糖和高脂肪食品的摄入都可能会导致情绪波动，增加情绪化的风险；在电脑前或手机上过度玩游戏，长时间躺卧或坐着不动可能会增加情绪不稳定和紧张度。过少的运动和身体活动可能会影响身体的荷尔蒙和神经递质平衡，增加情绪化的风险；失眠或睡眠不足可能会影响身体代谢，导致情绪不稳定，增加情绪化的风险。

说话声大、语速快、不注意礼貌及用词等语言习惯。习惯大声说话，旁观者都觉得是在吵架；一开口就情绪激动，不但语速快，而且不给对方说话的机会；不注意礼貌，贴着陌生人讲话；习惯用强势的肢体语言；过度敏感，对别人说的话或肢体语言反复揣摩；遇到对方拒绝、反对，立刻有过激反应，增加情绪化的风险。

忽视工作纪律、不屑于时间管理、不喜欢参加会议等工作习惯。经常处于一种赶时间、拖延或无目的的压力大、焦虑状态，这些可能会增加情绪化的风险；缺乏社交支持和远离职场社交行为，也可能会增加情绪化的风险；我行我素，或在工作中不能抑制或不恰当地表现愤怒情绪也可能会增加情绪化的风险。

以上习惯都有可能会影响情绪的稳定性，导致情绪化。

（三）经历

经历早、多、复杂、艰巨、深刻的人，因为适应能力增强而不会轻易情绪化。

第四章 理性

经历少的人，容易对于某些事情的反应过于激烈或不稳定，表现为情绪冲动、兴奋或激动、消极或抑郁。一个人经历过多次的某些事件的刺激，逐渐适应了刺激不再反应激烈。对于某些事件的反应趋向于稳定，表现为情绪平静或淡定。当一个人不再轻易情绪化时，往往不容易在判断方面出现偏差。

例如，辛弃疾的《丑奴儿·书博山道中壁》：

少年不识愁滋味，爱上层楼。爱上层楼，为赋新词强说愁。

而今识尽愁滋味，欲说还休。欲说还休，却道天凉好个秋！

一个人年少的时候，经历的太少并不真正地理解愁苦，为了写出一首好的新词，常常登高望远，绞尽脑汁地想象忧愁困苦的滋味。然而到了如今，人生的道路崎岖坎坷，经历了各种生活艰辛和生死别离，无法躲避只能面对，愁苦多到内心已经麻木，而且这些愁苦只能埋藏在心中，想说却说不出口，是不知从何说起，也是说不清楚。无奈之下，只能含蓄地说，天凉了，应该是秋天到了吧。诗人经历得多了，适应后不会轻易情绪化。

简单地说，情绪化的危害就是用未经验证的想法直接作判断。为什么一个人很容易情绪化？因为本来应该用前额皮层做判断，却错误地使用了杏仁核。头脑里的杏仁核会让你判断自己受到攻击，动物本能会让你情绪化。

要克服情绪化，就必须反复练习。

第四节　少算计：凭感觉、嫌麻烦、不会算

不理性的第二个危害是少算计。

算计，是指做事之前的调查，分析演算，精心准备应对的方法和资源。

做好一件事情，在行动之前一定要调查研究，要演算，要精心地做好各种准备，要有应对的方法，以及相关的资源准备。

这种基于目的和利益考虑和他人之间关系的方式，可以促进信息的交流和协作的建立，也可能导致不公平和冲突。所以在人际交往中应该选择理性地算计，避免过度追求私利和不公正行为。

（一）凭感觉

凭感觉，常见的有"都可以""差不多""就这样"，做事依靠内心感觉做出决策或采取行动的行为方式。这种方式可能会让人们在短时间内凭感觉快速得出结论，但也可能是错误的判断。

在一些情况下，感觉并不是凭借空想，而是基于你的经验。这种感觉是在生活、工作中不断积累产生的，可以说是自然选择过程的积累，对你作出正确的决策有一定的帮助。

然而，如果情况太复杂、信息过于分散，那么仅凭感觉来做决策就会有较高的风险。因此，需要在采取行动前充分了解自己的情况和环境，多方面搜集信息，通过充分地分析，结合自身的经验，制订出更为科学可执行的计划。

凭借自己的感觉来做事，可以起到省事、效率高的作用，但不能仅仅依赖感觉作出重大决策。更好的方式是主要采取理性决策结合一些特殊事例的经验，只有这样才能制订出更合理、更准确的计划。因此，仅凭感觉做事会有风险。

（二）嫌麻烦

嫌麻烦，常见的有"只求快""没耐心""不严谨"，指在面对的工作稍有难度时，倾向于逃避努力付出或不愿承担额外的工作量。嫌麻烦可能会导致反应迟缓、做事拖延、失去最佳时机等问题，直接影响工作的完成。人们常常面临各种复杂、不确定和繁琐的事务，这些事务需要持续投入大量的时间和资源，才能够有效地完成。因此，在这种情况下，如果一个人面对工作困难时，更倾向于选择推迟或避免，就是"嫌麻烦"。

例如，一个人因为需要完成一些文书工作而感到"嫌麻烦"，可能会试图找一些理由或者借口来推迟这项工作，比如缺乏灵感、没有足够的时间等。一个人发现需要学习一些新的技能，因为这项技能可能耗费大量时间和精力才能掌握，可能就会"嫌麻烦"，选择暂不学习，或者放弃学习。一个人意识到自己需要改变不良习惯，以提高自己的健康和生活品质，但是这种改变需要承受一些痛苦，就拒绝采取行动，继续旧习惯。

为了避免"嫌麻烦"，以致拖延、放弃，应该尽量让自己保持积极主动的态度，采取有针对性的方法，以应对工作难度的需求。这些方法包括制定行动步骤和具体的时间表，有效地管理自己的时间和精力，了解工作细分标准，寻求同事的帮助等。通过这些措施，可以更好地应对工作困难，在克服"嫌麻烦"的过程中取得更好的结果。

（三）不会算

不会算，常见的有"技能少""没经验""总出错"，就是不会或很少在做事之前反复地调查，做事不会研究演算、精心准备应对的方法和不具备调动资源能力。

不会算的人，他对自己应该做的事情从来不做，或者是很少做。做事之前，他不去调查研究，也不分析演算，更不会提前做准备，至于应对的方法，做事的资源能力，他认为都和自己没关系。

不会算的危害是什么？就是因为不会算，除了简单的事情、运气特别好或者有人帮助完成之外，你做事的成功率低，一般事情做不好，屡次失败，更别说做成大事。

生活中，经常有人试图在利益的游戏中取得自己的优势。他们可能会通过算计，对他人的控制或利用来达成自己的目标，甚至可能不惜采用欺骗或者不正当竞争手段来获得自己想要的利益。然而，有一些人不会像上面所说的那样。他们更愿意将自己的价值观放在行动中，并尊重他人的权利和需求。他们不会特别考虑如何取得自己的优势，更注重合作共赢。尽管"不会算"的态度和行为可能会让这些人在阶段性竞争中落后，但也为他们建立了良好的信誉和品牌，减少了不必要的争端，获得了稳定的人际关系。

《孙子兵法》[①]第一篇指出在未战之前，就要周密地分析、比较、谋划。少算计，从字面上，少——从不做和做的不足；算——分解、演算、分析研究；计——谋略、办法、计划、方案。换个角度看，是对"人类文明"的认知能力，例如下象棋，有人看一两步，有人看六七步，哪个人更能"算计"？例如在中国，有人按照社会规则，考上重点大学，拿到博士学位，再考入公务员成为政府官员。有人高考落榜，自谋生路……两类人的生活差异，但就有人不信。可以把"人类文明"看作高级版游戏规则，也可以把"动物本能"看作普通版游戏规则，问题是在现代社会，要按"人

---

① 孙子：《孙子兵法》，中华书局，2015年版。

类文明"游戏规则,不能按"动物本能"游戏规则。一个人能克制自己的"动物本能",遵守"人类文明"的游戏规则,就是理性;相反,就是"不理性"。社会规则对所有人不停地进行筛选,考试筛选、招聘筛选、收入筛选、房价筛选……总的来说,各种筛选。

马基雅维利指出:"恶人往往获胜。恶人之所以能够获胜,是因为恶人比起'好人'有个巨大优势,他们无所顾忌以暗黑的方式征服整个世界。"[1]当马基雅维利回顾佛罗伦萨和意大利一些城邦的历史时,发现那些善良的君主、政治家和商人总是失败。他写了《君主论》提供建议,告诉他们如何避免失败——要尽可能善良,但永远不要过于善良,要学会恶人所使用的每一个诡计,必要时也要运用。

第五节 不自律:不专注、拖延症、易放弃

不理性的第三个危害是不自律。

自律是理性的自我约束,因为自律是基于有组织和明

---

[1] [意大利]马基雅维利:《君主论》,三联书店,2015年版。

确的计划来控制自己的行为，避免放任自己的冲动和情绪的支配。自律是建立在清晰的目标、详细的计划和有意识的行为控制下的，这需要冷静思考、理性分析，并在有效的时间内做出明智的决策。自律能够帮助一个人应对压力，避免情绪波动和行为失控，保持冷静和稳定的状态，以更好地解决问题和应对挑战，从而带来更为可靠和持久的行为结果。自律是向内控制，不依赖外在的奖励和惩罚，而是基于一个人的价值观和目标，不断自我监督、自我反思、自我实现。

自律的人能够履行自己的承诺与义务，而不是无限期地拖延或放弃承诺；能够在面对困难时保持较强的毅力，不会轻易放弃自己的计划；能够有效地分配时间和资源，建立良好的习惯，例如，有规律的锻炼、健康的饮食和睡眠习惯。

不自律，指一个人缺少自我约束的能力，没有坚定的意志完成任务，缺乏计划，经常会拖延、浪费时间，难以保持稳定的行为习惯。在生活中，一个人的不自律往往会导致多方面的失误，影响自己的成长。

（一）不专注

不专注，常常是贪多求快，变来变去，注意力不能较长时间地集中。注意力指人们专注于某个具体的对象或任务的能力，是一种心理过程，是大脑控制获取和处理信息的能力。注意力的专注是学习、工作和生活中必不可少的重要心理过程，对个人的日常生活、学习效率和认知发展具有极为重要的作用。

例如读书，就有人读书不专注，不是集中精力读完一本书再读新的一本，而是一天同时读几本书，总是被焦虑推动得贪多求快。有人知道"一次只做一件事"，他却做不到，读书变来变去，没读几页书就放下书去学习剪视频，学剪视频没一天又放弃，开始读书，目标不专注。还有人读书的时候，眼睛盯着书，头脑里却在想一会儿要不要去看电影。读书做不到全神贯注，不能专注于内容的阅读理解。

人的注意力是通过多个脑区之间的协调和相互作用而控制的，人具有不同形式的注意力，这些注意力形成了复杂的调节和抑制机制，保证了人的日常表现。读书、上课或开会时，如果不够专注，会导致读不懂书、听不懂课或错过重要的会议信息，从而影响到学习、工作和生活。

（二）拖延症

拖延症是一种常见的心理和行为习惯，指人意识到自己必须完成的事情，但一再延迟去完成，以至于导致延期或不能如期完成的行为。

一些神经学家认为，大脑调节注意力和认知控制的区域与情绪处理相关。拖延者难以抵制外部干扰和内部冲动，从而导致拖延。如果出现焦虑、压力等情况，就会引起情绪中枢的紊乱，行为表现出拖延现象；如果拖延者的记忆能力较差，也可能导致拖延症的出现。

拖延症看似简单，实则对人的影响很大。拖延症会浪费时间，往往导致需要额外加班或加快速度来弥补耽搁或到达最后期限，从而造成身心的疲惫和负面情绪。拖延症还可能导致缺乏自信心，也会给工作和生活带来额外的压力。有人在考试临近的几天急急忙忙开始准备复习，有人在工作最后期限前彻夜加班，这些都是拖延症的体现。

（三）易放弃

易放弃，常见的有急于见效，延迟满足差，通常是人在面对挑战和困难时，容易失去决心，放弃努力，缺少坚持。易放弃的人往往缺乏自信、耐心、毅力，容易受到外界的消极情绪和不良信息的影响，自我怀疑、沮丧或受挫，导致失去信心，从而放弃了自己追求的目标。

易放弃是一种否定性的行为，会引起人的不良情绪和行为创伤。在工作、学习和生活中，经常会遇到挫折和困难，而拥有不放弃追求的品质，才能够克服困难，取得更好的成绩。例如，学习一门知识时，可能会遇到难题，此时如果没有毅力，容易产生极端情绪，并认为自己不适合这个领域，在这种情况下可能会放弃，错失进一步提高的机会。

常见的不自律，有不专注，拖延做事，习惯放弃，要么迟迟不做，要么不能坚持。

《道德经》有一句话："天下难事必作于易，天下大事必作于细。"大事都是一件又一件具体的小事组成的，难事都是一件又一件容易的事情组成的。不自律是明明知道应该做，必须做，但小事和容易的事要么不去做，要么做不好，要么做不久。

如何成为杰出人才？先是有见识、能知道且具备理性这一特质，而理性是从知道中正确选择并且做到。理性能够有效解决人生大多数问题，例如，重视自身的安全与健康，学习知识与掌握技能，创新获得财富，用一个又一个理性行为的微成功组合叠加成就人生的高度。波士顿被称为"美国雅典"，在那里领悟理性的力量与强大，通过分析何为理性，以及不理性的原因、危害，向富兰克林学习成为理性的人，用哈佛商学院的案例教学法提高自学能力，明白"会学"比"学会"更重要。

第五章　想象力与好故事

想象力不仅仅是人类幻想虚无缥缈事物的这种独特的能力，从而为所有发明和创新提供源泉，想象力也给人们带来变革性和启示性的力量，它还使我们学会关爱他人，哪怕他人的经历我们从未经受。

——J. K. 罗琳　哈佛毕业典礼演讲

第一节　西雅图

1869 年西雅图建市，城市位于美国西北部埃利奥特湾（又称比吉特湾）和华盛顿湖之间的狭长地带。1897 年阿拉斯加的淘金热，推动这座城市迅速发展。1914 年巴拿马运河通航以及 1917 年建成的普吉特湾与华盛顿湖之间的运河，让这座城市进出口贸易额加速增长。

第二次世界大战后的西雅图，经济受益于商业、造船业、航空工业带来的繁荣快速成为发达的工业城市。同时，作为美国西北沿海地区最大的城市，凭借着靠近亚太的位置优势，西雅图很早就成为美国对外贸易的桥头堡。对外贸易的增长为西雅图的经济发展奠定了基础，更激发了西雅图人与生俱来的开拓精神和创新基因。

西雅图除了位置优势之外，还因为环境优美被《货币》杂志评为"全美最佳居住地"，被《财富》杂志评为"最佳生活工作城市"。西雅图被全美公认是生活质量最高的城市之一，也是众多公司的创建之地。可能因为西雅图四季的绿色与雨雾，让人相信西雅图是充满想象力的神奇城市。想象力对于获得竞争优势显得异常重要，它是见识的延伸，它为创新打开新的一扇门，众多的创新者期待在西雅图获得神奇的灵感。

（一）翡翠之城

1851年，伴随着西进运动，最早的白人移民从纽约来到这里。西雅图以一位印第安人酋长的名字为名出现在美国历史中，18年后发展成为一座城市。

在20世纪初期，西雅图市长 Hiram Gill 提议要为这座城市取一个特别的名字，以吸引更多的游客来到这里。他一开始想到了"金城"这个名字，因为西雅图当时正在迎来经济繁荣，但是这个名字并没有获得广泛支持。直到1910年，西雅图的一位商人Colman看到这座城市的天然之美，向市政府提议将西雅图称为"翡翠之城"。这是因为西雅图城市周围有大片的针叶林和雨林，每年的雨水充沛，因此整个城市常年郁郁葱葱，翠绿色的植被和河流，让人联想到翡翠宝石的美丽和珍贵。市政府最终采纳了这个想法，将西雅图正式命名为"翡翠之城"，为该城市增添了新的美誉。

第二次世界大战后，伴随美国科技的迅速发展，微软等众多科技公司在西雅图成立，以及星巴克在此诞生，西雅图成为引领美式生活甚至世界生活方式的新的前沿。这座含蓄内敛却又肆意灿烂的"翡翠之城"，用最强大的能量、最独特的魅力让不同的文化在一座城市里发展演变。

（二）雨赋灵感

西雅图的气候深受海洋影响，雨水比较多。这是由于其地理位置和气候造成的——西雅图位于太平洋东北岸，受到太平洋暖流的影响，湿润的空气从海洋中蒸发升起，遇到海岸山脉的释放后会以雨水的形式降落。每年降雨量952.2 毫米，因此有"雨城"之称。

站在太空针塔上俯视西雅图的城市，这里的人们在绵绵细雨中安静思考；在温暖湿润的环境下细品咖啡；在阿尔基海滩上悠闲散步，眺望落日隐入群山。西雅图曾被称为"咖啡之都""飞机之城""网购中心""视窗之城"……像这样能够汇聚星巴克、波音、亚马逊和微软四大公司总部于一身的城市魅力独特。

蒙蒙细雨中，漫步在西雅图的街道，中心音乐体育馆炫酷的流体设计，引无数人为之着迷；中央图书馆超大的凹斜采光玻璃顶棚，巧夺天工。走累了，你可以点上一杯咖啡，坐在壁炉前，翻看杂志，细听淅沥的雨声。

你可以漫步在西雅图夜晚的雨雾中，一边听着路易斯·阿姆斯特朗（Louis Armstrong）唱的《What A Wonderful World》，一边好好欣赏这个有太多故事的城市。

（三）城市之光

1914 年，巴拿马运河的通航让造船业为西雅图带来了繁荣。同年，位于拓荒者广场的史密斯塔竣工，这座共148 米高的 38 层塔楼是西雅图市的地标建筑。

1916年，威廉·波音在西雅图郊区开设名为"波音"的木头飞机工厂，利用这里廉价的木材制造飞机。在第二次世界大战期间及战后的几十年里，这个木制飞机厂成为世界上最大的民用和军用飞机的生产基地。1975年，比尔·盖茨和保罗·阿伦在西雅图成立的微软公司，很快成为新时代的榜样。今天的生活实现了比尔·盖茨当年的预言："相信每家都会有一部计算机。"1995年，亚马逊公司在西雅图创立，它是最早开始经营电子商务的公司之一，如今已经成为美国最大的网络电子商务公司。

如今西雅图的经济已经实现了多样化，造船、运输、通信、软件、木材、教育业都很发达。西雅图有多所艺术学院和博物馆，如西雅图艺术博物馆和现代艺术博物馆等。西雅图是全美科技企业的聚集地之一，例如微软、亚马逊和波音等。除了众多知名企业的总部在此驻扎，很多大公司也在西雅图设立科研中心或办公室。在Google的带领下，Facebook、Apple、Twitter、eBay、Yahoo等公司纷纷入驻西雅图。

西雅图及周边地区有众多的知名大学和高等教育机构，包括：华盛顿大学（University of Washington）拥有丰富的学术资源和研究设施，特别是在医学、工程、商学和社会科学领域著名；西雅图大学（Seattle University）以其人文学科、商学和法学专业而著名；西雅图太平洋大学（Seattle Pacific University），以优秀的学术教育及培育优秀的学生而广为人知，鼓励学生通过各种学生社团开发自己的领导潜能；西雅图城市大学（City University of Seattle）的工商管理专业和教育管理专业在美国西北部地区享有声誉。

雨雾为西雅图的城市增添了迷人的氛围和想象力的灵感，开放、多元和活力四射的城市文化孕育了诸多著名乐队，如 Nirvana、Pearl Jam 和 Soundgarden 等，被誉为"摇滚之城"。西雅图地处美国最西北角，是一座有着独立精神的城市，拥有一种特有的迷人情调，一来到这里便能感受到这种不同，你可以在这里体验到创新精神与自然情怀的碰撞。

第二节　想象力

爱因斯坦说过："想象力比知识更重要，因为知识是有限的，而想象力概括世界上的一切，推动着进步，并且是知识进化的源泉。"

第五章　想象力与好故事

想象力要跳出现状，突破已有的模式，重新定义选定的概念以及关联概念与概念之间的关系，亦是重新定义事物和事物之间的关系。对事物间的相同与差异，进行放大、删减或者重新组合，追求达到全新状态的意义和功能，特别是让人期待前所未有的重构的新生事物。

因为有想象力，人类才能创造发明。如果没有想象力，人类将很难有任何的进步。鲁班从路边齿状的草叶想象到木工锯，牛顿从苹果落地想象到万有引力，瓦特从沸腾的水推动壶盖想象到蒸汽机，就是因为他们始终保持特有的想象力。

（一）想出不存在的

想象，亦称想象力，是将你记忆中的，以及感官所看到、听到、嗅到、触摸到的，甚至是你从来没有经历过的，通过想象融汇成"新东西"。

斯坦福大学创意课教授蒂娜·齐莉格（Tina Seelig）说："想象是指设想不存在的事物。这需要我们有好奇心、积极投入某项事业的热情，以及在大脑中构思观点的能力。"[1]

---

[1] ［美国］蒂娜·齐莉格：《斯坦福大学创意课》，中信出版社，2018年版。

重大发明或者优秀产品都是从一个人的想象灵感中被创造出来的。普遍认为听故事可以培养想象力，例如，童话故事中的白雪公主与七个小矮人、小红帽与狼外婆、小裁缝与巨人等等，听到故事的人在头脑中构建出既虚幻又真实的想象世界。据说，"想象力允许有意识的物种可以通过利用心智模拟来解决问题"。人是可以形成以前不曾经历过的，或者说至少部分是不曾经历过的，或者以不同的方式组合形成的，这是创造新事物的基本能力。

想出不存在的东西需要一些特殊的能力，注意你周围的事物，对它们进行思考并尝试想出与它们不同的、独特的或者全新的概念。不要限制自己的思维，尝试跳出自己的思维框架，尝试将不同的元素联结在一起，从而形成新的概念。将实践经验总结提炼成新的知识，不断拓展自己的视野并且能够聚焦在专业领域。

（二）J. K. 罗琳的哈利·波特

乔安娜·罗琳（Joanne Rowling），笔名 J. K. 罗琳（J. K. Rowling）及罗伯特·加尔布雷斯（Robert Galbraith），英格兰小说家、电影编剧及制片人，代表作《哈利·波特》系列作品畅销全球热卖超过四亿本，其同名改编电影是电影史上票房收入最高的电影之一。如今,《哈利·波特》已有 150 亿美元的全球品牌价值,最后四集小说接连打破书籍销售纪录。《哈利·波特》全系列被翻译成 65 种语言,发行到全球各地。

1990 年,J. K. 罗琳在一班从曼彻斯特开往伦敦的误点列车上得到《哈利·波特》小说的灵感,在巫师学校上学的年轻男孩故事从脑中迸现。她告诉《波士顿环球报》:"我真的不知道灵感从哪里来的,它从哈利开始,其他角色与情节慢慢浮出,最后占满我的心灵。"

J. K. 罗琳先后获得圣安德鲁斯大学、爱丁堡大学、爱丁堡纳皮尔大学、埃克塞特大学、阿伯丁大学及哈佛大学颁发的荣誉学位。罗琳曾在哈佛大学 2008 年毕业典礼上对毕业生演讲。2009 年,法国总统尼古拉·萨科齐向罗琳颁发法国荣誉军团勋章。《时代杂志》基于她"对哈利·波特迷在社会、道德与政治方面的影响",将其评为 2007 年时代年度风云人物第二位。2010 年 10 月,J. K. 罗琳被《卫报》评为全英国最具影响力的女性。

《哈利·波特》是 J. K. 罗琳的想象力成果吗?

（三）史蒂夫·乔布斯的 iPhone

史蒂夫·保罗·乔布斯（Steven Paul Jobs），是苹果公司联合创始人之一，曾任董事长、首席执行官，是 NEXT 创办人及首席执行官，也是皮克斯动画创办人并曾任首席执行官。

乔布斯被公认为是电脑业界与娱乐业界的标志性人物，他是 Mac、iPod、iPhone、iPad 等知名数字产品的缔造者。《时代杂志》七次以他为封面人物，2007 年《财富》杂志将他评为年度最强有力企业家。乔布斯的传奇人生影响了硅谷创业，乃至互联网时代的全球创业，他的创新精神、创业故事，美学至上、简约便利的产品设计理念为他赢得了全世界众多的忠实追随者。

2022 年 7 月 1 日，美国白宫追赠他总统自由勋章。表扬他的远见、想象力和创造力带来的发明已经并将继续改变世界的交流方式，并改变了计算机、音乐、电影和无线行业。

iPhone 是史蒂夫·乔布斯的想象力成果吗？

想象力是想到不存在的东西。不是一个人已知的东西，而是想象出不存在的。把已知的东西组合起来，然后给他们重新定义；或者对他们进行反向思考，对他们进行重新设计。能够想象到一个不曾存在，也没有可以参照或者类似的东西，是很有难度的。并不是说想象一个不存在的东西就很容易，没人知道的东西你我也很难想象出来。人在这个世界上是从已知的东西理解这个世界。要把已知的东西进行组合或者重新定义，无中生有地创造性地想象出一个原本不存在的东西，对所有人都是挑战。

如果你读过哈利·波特系列小说或者改编的电影，你可能知道作者 J. K. 罗琳，她的生活经历了很多挫折，在困境中的她买一杯咖啡坐在咖啡馆，发挥想象力写出了哈利·波特的魔幻世界，小说在几年后给她带来了 10 多亿美元的收入和全球的影响力。J. K. 罗琳创造了一套严格的魔法框架，凭借想象她将所有这一切都细心地构筑出来，让读者沉浸在如此受欢迎的魔法世界。罗琳的经历影响了她的写作风格，也让她能够更好地理解人物之间的情感关系。她对故事角色刻画非常真实，例如，哈利·波特以及其他角色的每一次对话和行为都是让读者对他们越来越喜欢的基础。她对城堡、森林和霍格沃茨特快列车（Hogwarts Express）等的细致描绘，增加了更多细节和色彩，为读者提供了深入体验神奇魔法世界的机会。

史蒂夫·乔布斯的 iPhone，是他用想象力重新定义用户需求和已有的技术组合，手机成为一个方便携带的小型的移动计算机。每个人的生活中什么是必需的？什么东西是一个人每天触摸最多的？当他确定选手机创新，对用户需求与现有技术整合成就了一款触摸屏手机——第 1 代 iPhone。乔布斯非常清楚想要达到什么目标，并且持之以恒地努力，不断追求技术上的创新。他注重细节，尽其所能地让苹果公司的产品和服务变得更加完美。他善于挑战已有的规则和做法，通过对产品架构和设计的彻底改变，为消费者提供了与众不同的产品和服务，如 iPhone。他的想象力能够将科技和艺术完美结合在一起，创造出外观和性能都极具吸引力的产品。

你要将记忆、看到、听到、接触的东西甚至未曾经历的，想象出"新东西"。因此，当你的旅行、社交、做事和读书的经验越来越丰富的时候，你的想象力就越能像 J. K. 罗琳和乔布斯那样卓越不凡。

第三节　好故事

所有优秀的传播案例都离不开一则伟大的故事。

人类爱听故事与生理机制有关，听到一个简单的说明时，大脑中的语言处理区域被激活，当听到故事时还激活了情感区域和个人经验区域。这些区域的同时激活能够激发大脑中的神经元，促进记忆和理解的产生。听故事能够促进大脑中多巴胺的释放，使人感觉愉悦和满足。好故事可以引起客户的兴趣，建立与客户的关联，增加对品牌的信任度，吸引他们探索更多的产品和服务。人类被认为是意义动物，不仅关注自己的基本需求，而且关注生活中的意义，试图解释自己的存在，社交状态以及为了目标而付出的努力等等。

斯坦福商学院（Stanford Business School）教授珍妮弗·阿克（Jennifer Aaker）的研究表明：相比某个事实，消费者记住某则故事的可能性要至少高出 10 倍。故事使得我们把情感附加在信息上，赋予信息某种意义。

可以说，讲故事就是赢家的"看家本领"。

（一）人类就爱好故事

克里斯托弗·布克（Christopher Booker）的《七种

基本情节》(《The Seven Basic Plots》)[1] 提出：故事只有七种。

作者在研究了各类故事传说和其背后心理学意义，把人类所有的故事归类为以下七种基础故事：

1. 斩妖除魔/打怪（Overcoming Monsters）

"斩妖除魔/打怪"类型故事：《复仇者联盟》《哥斯拉》

2. 从贫穷到富有/升级（Rags to Riches）

"从贫穷到富有/升级"类型故事：《西虹市首富》

3. 远征/探寻（Quest）

"征途"类型故事：《夺宝奇兵》《海贼王》

4. 启航返航/远行回归（Voyage and Return）

"返航"类型故事：《千与千寻》《绿野仙踪》

5. 喜剧（Comedy）

"喜剧"类型故事：《仲夏夜之梦》《四个婚礼和一个葬礼》

6. 悲剧（Tragedy）

"悲剧"类型故事：《罗密欧与朱丽叶》《麦克白》

---

[1] Christopher Booker:《The Seven Basic Plots：Why We Tell Stories》, The Great Deception，2006年版。

7. 重生（Rebirth）

"重生"类型故事:《冰雪奇缘》

继续，从以上所有的基础故事类型里，可以提炼出下面的一个核心结构：

1. 召唤（The Call）

2. 最初的吸引力（Initial Fascination）

3. 受到挫折（Frustration）

4. 噩梦/无法摆脱的恐惧（Nightmare）

5. 逃生（Trilling Escape）

看到这里，你是不是想到约瑟夫·坎贝尔的《千面英雄》？他曾经研究了世界各地的神话和宗教故事，总结出了这些流传千古的故事共同的模型"英雄之旅"，写出《千面英雄》（一千个故事统一成一个英雄模型）。英雄模型深刻地影响了好莱坞的叙事，包括乔治·卢卡斯（代表作《星球大战》）、J. K. 罗琳（代表作《哈利·波特》）、史蒂夫·斯皮尔伯格（代表作《大白鲨》《辛德勒名单》）等著名作家和导演。

（二）好故事的力量

尤瓦尔·赫拉利在《人类简史》中提出一个观点：人

类祖先智人，相比当时别的动物，跑得不快，跳得不高，也没有尖牙利爪，但最终却靠远超其他动物的组织能力从生存竞赛中胜出。他写道："只有智人能够谈论并不真正存在的事物，相信一些不太可能的事情。人类语言真正最独特的功能，并不在于能够传达关于人或狮子的信息，而是能够传达关于一些根本不存在的事物的信息。据我们所知，只有智人能够表达关于从来没有看过、碰过、耳闻过的事物，而且讲得煞有其事。"①

"虚构"不只是让人类能够拥有想象，更重要的是可以"一起"想象，编织出"盘古开天辟地""共工触不周山""女娲补天""后羿射日""嫦娥奔月"等共同的故事，甚至连现代所谓的国家其实也是种想象。虚构故事的能力赋予智人前所未有的力量，让智人能够做到集结部族的人力，一起克服困难实现某个目标。

人类拥有虚构故事能力的关键在于，所有人都可以参与到共同的想象，合作起来虚构故事。因为共同的想象，就获得了强大的组织动员能力。一个故事的诞生，必定是

---

① ［以色列］尤瓦尔·赫拉利：《人类简史：从动物到上帝》，中信出版社，2017年版。

这个讲故事的人希望推广自己的想法以达成自己的欲望。这样的故事推动着国家之间、公司之间、人与人之间的一个个微妙变化。

例如，沃尔特·艾萨克森写的《史蒂夫·乔布斯传》中的故事：

（1）最初

乔布斯在一个中产阶级郊区度过了典型的童年时代，养父是一名机械师，向他传授了基础电子学，让他对技术感到熟悉而亲切。

（2）吸引

乔布斯在高中结识了同学史蒂夫·沃兹尼亚克，当时个人计算机主板还是一种相对较新的技术，沃兹尼亚克就已经能够自己造出来。

（3）变化

乔布斯有阅读困难症，让他很难适应学校，他从大学辍学决定到别处寻找生命的意义。

（4）探寻

乔布斯到印度寻找一位印度教大师，但发现这位大师已经去世了。他在印度修习禅宗，后来把这一时期称为自己生活中最重要的一段时光，彻底改变了他的思维。

（5）起点

乔布斯重返硅谷，在雅达利电脑游戏公司与斯蒂夫·沃兹尼亚克合作创办了苹果电脑公司，创造出第一台苹果电脑。

（6）挑战

乔布斯的完美主义和傲慢使他疏远了公司里的很多人，他对创造革命性产品的疯狂，难以平衡自己在企业的职责。

（7）失败

乔布斯聘请了百事可乐营销总监约翰·斯卡利，担任苹果公司的新任CEO，自己可以继续专注于产品。斯卡利说服苹果公司董事会，将乔布斯从公司解雇。

（8）重生

乔布斯创办了一家新公司，资助了计算机生成的动画电影公司皮克斯。没有了乔布斯，苹果公司陷入危机，解聘了斯卡利。

（9）回归

苹果收购了乔布斯的新业务，让他回到公司当上了CEO。乔布斯设计出iPod、iPhone、iPad，苹果成为全世界最大的企业。皮克斯也成为世界上最成功的电影工作室。

（三）人人都是"意义动物"

哲学家麦金泰尔说：人类是一种"讲故事的存在"。就像食肉动物吃肉，食草动物吃草，人类是"意义动物"，除了生理需求，人类更加需要获取意义。

意义无法从个人的自由意志中产生。如果要回答"你是谁？需要什么？以及想成就什么？"诸如此类的意义性问题，就要在你的人生故事中找答案。只有讲通自己的故事，理解自己成长的过程，以及这些经历如何形成了你的目标，后来又发生了什么变化，你是如何在变化中呈现自主性，你才能真正回答这些关于个人存在意义的问题。尼克·南顿在《故事营销有多重要》写到："美国有一个青年叫贾里德，他因为看了赛百味的宣传，决定只吃他们的三明治。于是在接下来的几个月，他每天都吃完全相同的赛百味三明治，并因此减去了245磅体重。赛百味得知这个事情后，特意请他拍了广告。小伙子从此火爆，美国脱口秀女王奥普拉还请他上了节目。在接下来的10年内，赛百味的销售额翻了一倍，靠着这个故事赚了数10亿美元。而且每次赛百味试图去掉贾里德的故事，销售额就会下跌。"

故事是社会黏合剂和社会合作的催化剂，也是个人认知和观念形成的土壤。因此说每个人本身就具有一种历史叙事，个人故事是更为宏大的人类故事的一部分，被融入在无数他人的故事之中。任何一个人的故事都不是孤立的个人故事，离开了社会关系的塑造，个人就讲不通自己的故事。反过来说，构建关系的故事，能够塑造一个人对自己的认知、帮助其形成社会价值观。故事给人认识自己和世界提供了一个框架和一个观察世界的新镜头，框架甚至胜过事实。作为中国人，对于归属感的体会、对于中华文明的理解，就是通过古代神话与历史故事："女娲造人""刻舟求剑""亡羊补牢""苏武牧羊""孟母三迁""毛遂自荐"……这些故事穿越历史，教会我们许多做人、做事的道理和智慧。

  人类的语言思维帮助我们通过讲故事的方式来创造隐喻。隐喻让我们在故事里创造出一个并不存在的世界，假想虚拟的情节，但这个不真实的构建世界，故事的曲折情节，却能够唤起我们"经验相似"的感受。"亡羊补牢""孟母三迁"等简单的故事情节，包含了最朴素的经验总结和最简单的人生智慧——它们是人类最早的"隐喻式"学习。好的故事，会把我们带入特定的处境、特定的关系、特定的挑战之中。读者不再是路边看热闹的旁观者，而是参与其中的行动者。

唤醒灵魂的好故事，让你心明眼开、灵光乍现。

第四节　派克市场

西雅图派克市场（Pike Place Market）始建于1907年，位于美国华盛顿州西雅图市中心，是美国最古老的农贸市场之一。1920年，派克市场开始繁荣发展，并逐渐形成了现代版图景。在20世纪初，建筑师Harry White设计的派克地铁站成为市场的标志性建筑。

20世纪70年代，派克市场进行了全面的维修，但保留了历史建筑和市场传统的氛围，为市民和游客提供了一个充满活力的购物和餐饮场所。现在，市场包括成行的生鲜产品摊位、小吃和特色餐馆、纪念品和手工艺品店，还有经验丰富的厨师和鱼贩在市场展示自己的技能。派克市场已经成为西雅图市的历史场所之一，是一个充满各种故事的地方特色场所。

（一）派克市场

西雅图的城市地标之一派克市场是美国历史悠久的农

贸市场，海鲜、蔬菜、鲜花和纪念品应有尽有、市场门口仍然安放着 30 年前建市场的纪念物铜猪"Rachael"，市场内著名的抛鱼表演及街头艺人演出也吸引了不少观光客。

据说，1906 年西雅图地区的洋葱价格突然上涨了 10 倍多，激起西雅图市民的愤怒，市民们在市政府前集会要求开办农贸市场，方便民众直接向农民购买农产品，不再被中间商随意涨价。1907 年 8 月 17 日，有一些农民用大车运来他们的农作物出售，很快就被市民们抢购一空，派克市场就此诞生。最早的派克市场叫"农夫市场"，只有 10 多个小摊位，只是出售新鲜的农产品，后来有的农民把市场中的摊位租给渔民，开始售卖鱼、虾等海产品。再后来，有了小餐馆、手工艺品铺子。随着时间的推移，派克市场售卖商品的种类越来越多。

当年的一个农夫市场，如今可以找到 200 多家门店，供应各类生鲜蔬果，各地风俗的手工艺品，异国情调的餐馆。随处可见新鲜的水果、蔬菜和糕点，有手工干酪、特产蜂蜜、各种鲜花、葡萄酒、古董、收藏品等商品。派克市场旁边是一个历史更悠久的码头，这里也是很多外国人移民美国时的重要登陆港口，他们也把自己国家的美食等拿到市场进行售卖。

（二）飞鱼

派克市场最著名的景观，应属鲜鱼市场，名为市场，其实面积不过百十平方米。这里最具世界知名度的"飞鱼秀"售卖方式最为吸引顾客，已经成为观光客必去的景点之一。

虽说卖鱼工作平淡无奇，但市场里的鱼贩们却把这项单调、枯燥的工作做得有声有色。当有顾客到来鱼贩们开始大声唱歌，然后将鱼高高抛给伙伴，被准确无误地接住，整个动作干脆利落，有时也会故意搞点小把戏，整个过程既精彩又欢乐。经常是一大群游客围观，穿着白色围裙和黑色橡胶靴的鱼档店员，一边抓起顾客挑选的鲜鱼投掷，一边高声喊着"飞往曼哈顿的鲑鱼"，其余的店员齐声应和。站在柜台后面的店员接住飞来的鱼，迅速称重打包。围观的人群中响起了一片赞叹声，这位店员向喝彩的人群鞠躬致谢。

据说，这个传统始于鱼贩厌倦了每次有人买鲑鱼，他们都得从柜台走到远处的鱼台去取，就让一名店员在鱼台值守，将鱼远远抛掷给柜台员工，解决了来回奔波的问题。

店员为缩短售货流程而无意间创造的"飞鱼"技艺，通过游客一传十、十传百，后来竟然演变成为派克市场极具广告效果的"飞鱼秀"，每隔十几分钟表演一次，以招徕顾客。整个场面非常快乐，有趣的销售方式甚至被写进商业案例的教科书。

也有人说，是1985年派克鱼市场的老板日裔美国人约翰·横山召开了一场"头脑风暴"，提出改变历史的四大准则，成功将西雅图派克鱼市场与其他鱼市场区分开来：

Play：把工作当作是游戏和有趣的事。

Make Their Day：随时为顾客带来快乐。

Be There：在工作中的全心投入。

Choose Your Attitude：把简单工作做出彩来，就是不简单。

（三）从派克市场看全球市场

在派克市场，一些不起眼的店铺背后可能很有故事，比如"三个女孩面包店"的历史可以追溯到1912年，据说是西雅图第一家女性创业的公司。"雅典人海鲜餐厅"是派克市场上最著名的餐厅之一,《西雅图夜未眠》曾在此取景,喜欢汤姆·汉克斯和梅格·瑞恩的游客不会错过在这里凭海临风,品尝鲑鱼佳肴。

做商业的人知道吸引潜在客户关注的重要性,可以从派克市场观察那些卖鱼的人是如何吸引顾客的。各行各业都一样,不管是政治家、艺术家、学者还是企业家都在争夺被关注。如果关注你的人很多,你就容易成功。如果做什么没人关注你,你就很难成功,如何吸引别人的关注是一种特别的能力。派克市场那些卖鱼的人是如何吸引顾客的?他们大喊大叫又将鱼扔来扔去和其它鱼市场的做法大不相同,特殊的行为引起大家的好奇心,愿意一看究竟。同时,围观者的拍照喝彩也形成了独特的景观,加上时间悠久就成为一种文化,吸引更多的人关注。很多人到西雅图,会特地到派克市场观看传统的"飞鱼"售卖。

"飞鱼"售卖是派克市场的亮点,这是它一种古老的商业智慧。看起来传统的销售手法却符合现代商业理论,符合鱼市场的现实需要。当衣食无忧的时候,人的需求不仅是为了满足吃,应该在产品满足基本的需求上赋予它新的价值。从买鱼的需求到"飞鱼"的文化需求,派克市场这个精彩的亮点顺应了发展趋势。

如果你认同派克市场在吸引顾客上取得了成功，那就可以从这个案例来观察商业经营，一些国家的产业发展就可以借鉴派克市场。同样，"飞鱼"的这个做法，对你有什么启发？思考一个人如何能够获得成功，有一点是你做的事情要吸引更多的人关注，很多人关注你并且愿意支持你的时候，你就更容易得到资源，你成功的概率就会增大，更容易实现你的梦想。

传承与创新在实践中是相互联系与相互促进的，例如，传承也可以作为创新的灵感源泉，激发人们更有创意的发展新的领域。派克市场的"飞鱼"表演是标志性活动，成为市场整体营销的重要组成部分，吸引了大量的游客。这种独特事件在某种程度上代表了历史，可以让游客更深入的了解特殊的文化传统，这是有效的卖点。通过精心的策划和传播，可以吸引更多的游客和顾客前来围观和消费。市场机制可以促进创新，卖方和买方之间没有壁垒可以在市场上自由竞争，更好地满足各自的需求。这是因为市场机制赋予每个参与者自主权，使其可以独立地应对供求关系。

第五节　星巴克

派克市场旁边的星巴克咖啡店,喜爱喝星巴克咖啡的人对这家店一定不会陌生。1971年,在西雅图的作家Gordon Bowker、历史教师Zev Siegel和英语教师Jerry Baldwin合作开了第一家星巴克。据说,星巴克的名字源于19世纪美国文坛杰出大师赫尔曼·梅尔维尔的经典著作《白鲸记》的主人公——佩古德号船的大副斯塔巴克(Starbuck)。

这是星巴克的第一家店,1971年开业以来店面的装潢几乎从未改变,一直保持着原貌。店内悬挂着第一代褐色双尾鳍的星巴克标志,在这里你不仅可以品尝到香浓的咖啡,还可以买到这家店专属的纪念品,各类印有星巴克第一家店独有标记的杯子,这些在其他任何一家星巴克都买不到。

1971年,星巴克在西雅图开了6家店,生意只是出售咖啡豆。1987年,霍华德·舒尔茨(Howard Schultz)筹资买下星巴克,用自己的想象力将星巴克做成美国版的意大利咖啡屋,到2022年在全世界80多个国家和地区开了

3万多个门店。优质的产品服务、明确的市场定位以及积极的营销策略，星巴克迅速成长为全球知名品牌。

（一）霍华德·舒尔茨的想象力

霍华德·舒尔茨（Howard Schultz），出生于美国纽约市布鲁克林区，曾任星巴克首席执行官。他是一位成功的企业家，个人著作有《从头开始：重新想象美国承诺之旅》（2019年）、《拳拳爱国心：我们如何向退伍军人学习公民责任、英雄主义和牺牲精神》（2014年）、《一路向前》（2011年）以及《将心注入》（1997年）。

舒尔茨善用想象力成就了星巴克的商业价值，他是一位极具商业眼光的企业家，他发现了咖啡的商业潜力，发挥想象力将咖啡作为美好生活的一部分，通过品牌文化、独特工艺、产品矩阵、连锁布局等多种方式，将星巴克打造成了全球领先的咖啡品牌。

彼得·德鲁克强调企业的创新和营销是决定性。舒尔茨的想象力帮助他施展出卓越的企业家才能，他坚持自己的愿景，不断地创新与寻求全球化的营销方式，在各种社会环境和市场影响力下依然保持了星巴克业务增长的连续和稳定。

舒尔茨用想象力建构出开创性的管理风格，使星巴克在管理方面具有开创性，特别在企业员工方面表现出色。他通过建立奖励性的企业文化，提高员工的积极性和幸福感，帮助员工实现个人价值与公司发展的最大化。他不断强调团队合作的重要性，提高公司内部的士气和协同的高效。

霍华德·舒尔茨的想象力是他创新和营销成功的主要原因，星巴克在品牌价值、人性化管理、社会责任等方面都积极进取从而取得了商业成功。

（二）想象力的实践：星巴克第一家店

星巴克第一家店，是作家 Gordon Bowker、历史教师 Zev Siegel 和英语教师 Jerry Baldwin 想象力的实践。虽然只是售卖自家品牌的新鲜咖啡豆和茶叶，但对星巴克而言，第一家店是品牌的诞生与事业的起点。

一方面，"第一家店"标志着想象力实践的开始，是星巴克发展的起点。星巴克可以不断试错，扩大范围，收集市场反馈，逐渐建立起自己独有的品牌形象，为后来的扩张做足准备。另一方面，"第一家店"也代表着星巴克的价值所在，这对于提升产品服务、品牌形象和塑造星巴克文化具有巨大意义。在这个过程中，星巴克可以通过创新追求卓越，打造出符合消费者需求的产品服务，持续提高品牌的认知度和忠诚度。

对于消费者而言，"第一家店"也具有重要意义。消费者通过感受到星巴克一开始的初心和价值，建立品牌之间的情感纽带，进而形成品牌忠诚度，这在现代市场竞争中非常重要。因此，"第一家店"可以说是品牌塑造中不可忽视的因素，它在星巴克创业初期扮演着至关重要的角色，同时也在品牌建设过程中起着不可替代的作用。

（三）想象力的浓缩：一杯好咖啡的故事

舒尔茨强调："我们提供的不仅仅是咖啡，还有人们彼此间的情感互动、归属感和场景感。"星巴克成了人们社交活动的一个重要地点，他们需要有一处不受骚扰的聚会地点，一个工作和家庭之外的"第三空间"。满足人类与生俱来的交流联系的需求被深植于星巴克的DNA，也是星巴克50年经久不衰并将继续受世人欢迎的原因。

星巴克成功带来的启示是，想象力与好故事是创新者必备的工具：

第五章　想象力与好故事

其一，想象力与好故事打造品牌文化。

星巴克在品牌建设方面做得十分出色，将咖啡店打造成"第三场所"，不仅提供咖啡，更是营造社交氛围、传播咖啡文化，让消费者体验一种高品质的生活方式。在全球化战略中，也将这个品牌文化和服务体系传递到各个区域，使星巴克成为国际化的品牌。

其二，想象力与好故事推动产品创新。

星巴克一直致力于通过创新更好地满足消费者的需求，例如，当发现消费者对冰咖啡和低卡路里食品的需求，立即推出冰咖啡和星巴克脂肪计算器等新产品，以想象力满足越来越细分的消费体验，用好故事让更多人知道。

其三，想象力与好故事连接社会责任。

星巴克长期以来积极履行社会责任，发挥想象力于减少环境污染，增加咖啡产地公平交易等，从而提高了其在社会中的形象和价值。这种社会责任的落实为星巴克带来更多广为流传的好故事，不仅推进了企业品牌的发展，还加强了品牌和消费者之间的联系和信任。

其四，想象力与好故事助力员工成长。

星巴克非常重视员工，用好想象力与好故事，在全球范围内推行公平的待遇、奖励和成长机制的员工文化。提高了员工的工作积极性和幸福感，也提高了组织的整体效率和社会形象。

舒尔茨的想象力驱动他买下了最早的星巴克咖啡店。星巴克这个名字本身就非常有想象力，舒尔茨是创新者，他用星巴克讲出好咖啡的故事，他继续星巴克好咖啡的故事，在美国取得了成功而且走向了世界，创建出全球知名品牌。

创新者的想象力包括敏锐的洞察力和出色的判断力，能够对市场发展趋势进行预测，了解客户需求和竞争对手的策略，掌握最新的市场情况，能够提出创新的解决方案。同时，知道如何评估和管理风险，知道如何招聘、培训和激励员工，掌握有效的管理手段以实现长期目标。精心设计的产品故事可以帮助消费者更好地了解产品，从而更容易接受和购买；可以与消费者建立深层次的情感联系，从而提高对产品忠诚度；生动有趣的产品故事可以帮助公司在激烈的市场竞争中脱颖而出，并吸引更多的消费者。

本书以上内容，对你思考如何培养人才有启发吗？

从西雅图的"翡翠之城"到"雨赋灵感"，无论是波音、微软、亚马逊、星巴克，还是讨论到的哈利·波特和iPhone，以及克里斯托弗·布克强调的"七种故事"、尤瓦尔·赫拉利"虚构故事的能力"和麦金泰尔"意义的动物"与派克市场"飞鱼"的成功，都证明了想象力、创新、财富之间的关系。一个人想要有特别的想象力，就应该保持强烈的好奇心，像以色列青年那样通过世界旅行拥有更多的经历，去旧金山观察创新者，从纽约多元文化长见识，到波士顿感受热爱知识追求真理的信仰，领悟理性的力量。当你在西雅图去过太空针塔、摩天轮、西雅图艺术博物馆，思考过哈利·波特、iPhone、派克市场的"飞鱼"、星巴克，你可能已经捕捉到了想象力的关键所在。

第六章　用规则做得更好

只有有了规则，组织的决定才能协调一致、前后统一，不会随着某些的反复无常而反复无常，也不会被某些的强词夺理所操纵左右。对于一个严肃的组织来说，必须时刻维护自己的秩序、尊严和规范。

——托马斯·杰斐逊　美利坚合众国第三任总统，美国《独立宣言》主要起草人，美国开国元勋之一

第一节　新加坡

新加坡独立自治后迅速崛起为"亚洲四小龙"之一，并以绿意盎然、干净整洁成为世界著名的花园国家。

传说，公元 14 世纪，苏门答腊的王子山尼拉·乌他马

（Sang Nila Utama）乘船前往小岛环游，看见岸边有一头异兽，当地人告知为狮子，他认为这是一个吉兆，于是决定在发现动物的地方建一座城市，称它为"狮城"或"新加坡拉"（Singapura，在梵文中意即"狮子城"）。

从如何培养出人才开始，观察思考了以色列的人才培养，分析了生活中财富的不可替代性，在旧金山观察创新者，在纽约增长见识，在波士顿领悟理性的力量，在西雅图激发想象力，最后从新加坡思考如何用规则做得更好。如何将赢的见识与理性最终形成一套规则（可以理解为自我管理手册），且善用规则使自己能够成为具有竞争力的杰出人才。

（一）莱佛士

现代新加坡于19世纪建成，这要归功于政治运动、贸易活动和早期的创新者托马斯·史丹福·莱佛士爵士。当时，大英帝国正在这片区域寻找一个港口作为商船队的据点，同时借以遏制荷兰的势力扩张。新加坡当时已是马六甲海峡极具发展潜力的海上贸易站，正是一个理想的选择。

1822年，莱佛士实施了莱佛士城市规划，不同种族的居民被分隔居住在四个不同区域，住在欧洲人区（European

Town）的居民包括欧洲贸易商、欧亚裔人士和亚洲富人；华人聚居在目前仍存在的牛车水（Chinatown）以及新加坡河（Singapore River）东南部；印度人居住在牛车水北部的珠烈甘榜（Chulia Kampong）；甘榜格南（Kampong Gelam）主要是移民新加坡的回教徒、马来人和阿拉伯人的居住之处。

1946年4月，新加坡成为英国直属殖民地。1959年，新加坡成立自治政府并首次举行立法议会选举。选举中人民行动党（People's Action Party）以43席的绝大多数议席胜出，李光耀（Lee Kuan Yew）当选新加坡第一任总理。

1963年，马来亚、新加坡、砂拉越和北婆罗洲（沙巴）共同参组马来西亚联邦。

1965年8月9日，新加坡成为独立自主的民主国家。

（二）创新者

李光耀，自幼接受英式教育，1935年考入英校莱佛士书院初中部，1940年考入该校的高中部。日军占领新加坡后李光耀被迫中断学业，战争结束后他荣获大英帝国女王奖学金，前往英国留学就读于伦敦经济学院，之后转学到剑桥大学攻读法律。1949年毕业，获得"双重第一荣誉学位"。1950 年 6 月，在伦敦获得执业律师资格。

1950 年，李光耀加入在英国的东南亚人组成的政治社团"马来亚论坛"。之后，李光耀回到新加坡开始律师工作。1952 年，李光耀代表"新加坡罢工的邮差"与政府谈判期间名声大振，为他日后的从政奠定了基石。

1954 年 10 月，李光耀参与成立人民行动党，并参加次年举行的首届选举顺利当选立法议院议员。1959 年 6 月 3 日新加坡自治邦成立，李光耀出任政府总理。新加坡独立后，李光耀积极推动经济改革与发展，成功地使新加坡在 30 年内发展成为亚洲富裕繁荣的国家之一。1990 年，李光耀辞去总理职务，留任内阁资政直至 2011 年 5 月。

1965 年，新加坡被迫独立建国。独立后的新加坡，面临着人多地少，技术和资金缺乏的困境，马来西亚的封锁、印度尼西亚的对抗和英国资本的撤离让其举步维艰。新加坡在李光耀的带领下，利用自身得天独厚的国际贸易港优势，从大力兴办劳动密集型产业开始，不断积累资本与技术，择机转型高新行业，在 30 年内迅速发展成为亚洲发达的国家，位列世界五大金融中心。新加坡的繁荣是规则创新的成功，李光耀是当之无愧的创新者。

（三）尤利西斯与塞壬

尤利西斯是古希腊的创新者。他原本是希腊伊萨卡岛的国王，特洛伊战争爆发后他带兵加入希腊联军远征到特洛伊作战。荷马史诗的第二部《奥德赛》讲了战争结束后，尤利西斯乘船返回故乡伊萨卡的故事。

在返回伊萨卡岛的海上航行中，尤利西斯意识到自己面临的挑战。他的船将通过塞壬岛，在那里美丽的塞壬女妖唱着诱人的歌曲，歌声能摧毁人的理智。听到歌声的水手都会将船驶向女妖，必然撞上礁石，结局是船毁人亡。

尤利西斯知道，听到歌声的时候自己会像其他任何凡人一样无法抗拒，所以他决定用规则预防未来的自己：不是当下理性的尤利西斯，而是未来疯狂的尤利西斯。他命令手下将他牢牢地捆在船的桅杆上，又让手下用蜂蜡堵住他们的耳朵，这样他们就不会被塞壬女妖的歌声诱惑，或者听到他疯狂的命令。他向手下说明，他们不能回应他的请求也不能释放他，直到船完全远离塞壬岛。

尤利西斯推测自己会大喊大叫、咒骂威胁手下，发疯般地逼迫他们将船驶向娇媚的塞壬女妖——他知道这个"未来的尤利西斯"无法做出理性的决定。因此，当下理性的尤利西斯以设定规则的方式，防止船经过塞壬岛之时自己做出愚蠢的事情。正因为尤利西斯预先作好规定，他既听到了塞壬美妙的歌声又避免了船毁人亡在大海，他带领手下安全地返回了故乡。

这是当下的尤利西斯与未来的尤利西斯之间达成的约定。强调了思维延展出关于短期思维和长期思维互动方式的理性，思维可以与不同时间点的自己"谈判"。尤利西斯的故事给予我们非常重要的启发，创新者思考理性与非理性以及预先设计出规则处理未来：

不是当下理性的自己，而是未来疯狂的自己。

最初的创新者是王子山尼拉·乌他马（Sang Nila Utama），他决定在这个地方建一座城市，称它为新加坡拉（Singapura）。早期创新者是托马斯·史丹福·莱佛士爵士，他实施了莱佛士城市规划。新加坡独立后的创新者是李光耀，新加坡的繁荣是在他领导下创新的成功，李光耀是当之无愧的创新者。作为创新者，李光耀和同事们继承英国的法律体系，在新加坡建成西方制度兼顾东方智慧的现代国家。

再说古希腊的创新者尤利西斯，他善用规则成功地预防了危险，既听到了塞壬美妙的歌声又避免了船毁人亡在大海。尤利西斯与塞壬故事的启发，关键是在理性的现在为未来非理性的自己准备好可靠的规则。

第二节 用规则做得更好

大不列颠及北爱尔兰联合王国（United Kingdom of Great Britain and Northern Ireland），简称联合王国（United Kingdom，缩写 UK，习惯上称为英国），官方语言为英语，威尔士北部居民使用威尔士语，苏格兰西北高地及北爱尔兰部分地区居民使用盖尔语。

（一）英国

英国是世界上最发达的国家之一，各项指数居世界前列。在联合国开发计划署（UNDP）发布的《2020人类发展报告》中，英国的人类发展指数排名第13；在世界经济论坛发布的《2019年全球竞争力报告》中，英国的全球竞争力指数排名第9；在联合国可持续发展解决方案网络（SNDN）发布的《2022年全球幸福报告》中，英国的幸福指数排名第 17；全球品牌估值咨询公司 Brand Finance 发布了《2022 年全球软实力指数排名》，英国位列全球第 2。

艾伦·麦克法兰教授在《现代世界的诞生》中提出："现代世界是相对于传统世界而言的，现代世界有很多标准，这些标准是生活在其中的人所能切实感受到的，最直接的比如开放的、流动性强、自由、包容、理性的，具体来说便是代议制政体带来的民主政治、基于法制而不是国王言论亦或是宗教神学的社会、相对公平地追求财富的机制、减弱了宗族和家庭势力的社会结构、世俗化的宗教等等。"

英国确立了政府必须服从法律的根本观念，法治确保了财产及合同的安全，在人类历史上第一次形成了总体上奖励生产而不是支持掠夺的制度。杨小凯提出英国对人类文明的贡献：其一，"王在法下"，摆脱暴力革命的历史循环，走向长治久安最成功的制度设计——有限政府。其二，保护私产，"光荣革命"让王权专制和平过渡到现代民主政体，其成功的核心密码是"保护私产"。其三，工业革命，卡尔·马克思曾说:"工业革命后人类创造的财富,比过去一切世代创造的财富还要多、还要大。"

(二)桌上应该有一本《罗伯特议事规则》

近代议事制度起源于英国,最初在公元13世纪到14世纪之间,英国出现了议会这一机构形式。此后逐渐出现了专门从事研究会议记录的政府人员,他们通过对会议讨论概括经验形成相关的原则,建立了议事制度的雏形。后来,各方学者不同程度地推进议事制度的完善。19世纪初,美国第三任总统杰斐逊发表的《杰斐逊议事手册》,标志着议事规则的初步成熟。

在议事规则的推广过程中,美国亨利·马丁·罗伯特将军的著作《罗伯特议事规则》具有广泛的影响。该书于1876年2月19日出版了第1版。作者亨利·马丁·罗伯特将军,生于1873年5月2日,《罗伯特议事规则》就是以他的名字命名的。他有一句名言:"离开了规则,每个人都自由行事,结果就是每个人都得不到真正的自由。"这套议事规则为各种会议带来了秩序和效率。

1917年,孙中山先生发表《会议通则》,成为最早引入议事规则的国人之一。

《罗伯特议事规则》[①]的 12 条基本原则：

第 1 条　动议中心原则：动议是开会议事的基本单元。"动议者，行动的提议也。"会议讨论的内容应当是一系列明确的动议，它们必须是具体、明确、可操作的行动建议。先动议后讨论，无动议不讨论。

第 2 条　主持中立原则：会议"主持人"的基本职责是遵照规则来裁判并执行程序，尽可能不发表自己的意见，也不能对别人的发言表示倾向。（主持人若要发言，必须先授权他人临时代行主持之责，直到当前动议表决结束）

第 3 条　机会均等原则：任何人发言前须示意主持人，得到其允许后方可发言。先举手者优先，但尚未对当前动议发过言者，优先于已发过言者。同时，主持人应尽量让意见相反的双方轮流得到发言机会，以保持平衡。

第 4 条　立场明确原则：发言人应首先表明对当前待决动议的立场是赞成还是反对，然后说明理由。

---

① ［美国］亨利·M.罗伯特三世等：《罗伯特议事规则简明版》（第三版），格致出版社，2021 年版。

第 5 条　发言完整原则：不能打断别人的发言。

第 6 条　面对主持原则：发言要面对主持人，参会者之间不得直接辩论。

第 7 条　限时限次原则：每人每次发言的时间有限制（比如约定不得超过 2 分钟）；每人对同一动议的发言次数也有限制（比如约定不得超过 2 次）。

第 8 条　一时一件原则：发言不得偏离当前待决的问题。只有在一个动议处理完毕后，才能引入或讨论另外一个动议。（主持人对跑题行为应予制止）

第 9 条　遵守裁判原则：主持人应制止违反议事规则的行为，这类行为者应立即接受主持人的裁判。

第 10 条　文明表达原则：不得进行人身攻击、不得质疑他人动机、习惯或偏好，辩论应就事论事，以当前待决问题为限。

第 11 条　充分辩论原则：表决须在讨论充分展开之后方可进行。

第 12 条　多数裁决原则：（在简单多数通过的情况下）动议的通过要求"赞成方"的票数严格多于"反对方"的票数（平局即没通过）。弃权者不计入有效票。

（三）李光耀之见

新加坡的繁荣与李光耀的卓越领导密不可分。"美国原总统尼克松说，李光耀是第一流的世界政治家；美国原总统布什说，李光耀凭着高瞻远瞩的眼光、智慧和毅力，把新加坡塑造成一个国家，并取得和平与繁荣，将世世代代受后人敬仰；撒切尔夫人说，她观察李光耀几十年，他的预言从来就没有错过；基辛格说，历史往往充满了不对称之处，其中之一便是有些领袖的才干，与其国家的势力，毫不匹配，意即李光耀是小国家中的大领袖。"[①]

李光耀说："新加坡成功的关键是英国人留下的法治制度，而不是什么所谓的国学和儒家文化。"

新加坡执行英国人留下的市场经济体制，法律保护在新加坡自由贸易的企业，并对符合规定的商业活动实行优惠的税收政策。在此基础上新加坡形成了法治社会，提高效率从而促进繁荣发展。新加坡推行的自由贸易政策，使其能够充分利用优越的地理位置和法律维护的市场经济发展自由贸易，成为东南亚各国以及世界重要的海洋贸易中心。

---

① 郜良：《李光耀的实用主义、亚洲式民主理念和法治方略》，《领导科学》，2009-08-01。

第六章　用规则做得更好

不管是自己一个人做事还是带领团队做事，善用规则能让所有人做得更好。可以观察学习善用规则取得成功具有代表性的国家或杰出人物。回顾历史，英国人对人类最大的贡献就是规则设计与执行上的成功经验。李光耀说："今天的新加坡，是多年来法治的结果。"他认为"人性本恶"，应该用规则约束人，重点是所有人都应该在规则的范围之内，不应该有任何人超越规则。这是李光耀的基本观点，想想商鞅和韩非子，就能够理解李光耀之见。在商鞅和韩非子那里，有人在规则之上，不受任何约束。因此，公司的治理也会有同样的难题，公司的创始人（最高权力者）是否要在规则之内？现实中可能会看到公司的创始人拥有特权，不受规则的约束。这个难题可能成为公司发展的隐患。回到李光耀讲的"新加坡成功的关键是英国人留下的法治制度"，需要重视：

第一，所有人都应该在规则之内。即不能有任何人不受规则约束。

第二，规则必须执行。

第三，规则可以按程序修改，但规则未修改前必须执行。

托马斯·杰斐逊说："只有有了规则，组织的决定才能协调一致、前后统一，不会随着某些的反复无常而反复无常，也不会被某些的强词夺理所操纵左右。对于一个严肃的组织来说，必须时刻维护自己的秩序、尊严和规范。"李光耀之见的背后是关注实际、讲求效用的理性思维。如邓小平总是强调凡事都要讲求实效，"看效果""拿事实来说话"。李光耀对实用理性有着十分深刻的觉悟与觉察，特别强调"新加坡成功的关键是英国人留下的法治制度"。

第三节　人类文明

文明，是任何以城市发展、政府形式和通信符号系统（如文字）为特征的复杂社会，包括宗教思想、民族文化和科教文卫的技术发展。

社会学家路易斯·亨利·摩尔根将社会演化分为蒙昧（savagery）、野蛮（barbarism）及文明（civilization）三个阶段，以技术发明作为各阶段的分界，他认为文明阶段的代表性技术发明是标音系统及文字，也有学者认为这样分界太过狭隘，认为不能单纯用文字来界定一个社会文化是否进入文明。

文明通常指有人居住且有相当程度的文化与经济发展的地区，例如两河文明、黄河文明。也可以指文化类似的人群，例如基督教文明、儒家文明。对于文明出现的判定标准，主要是城市的出现、文字的产生、国家制度的创建，最重要的条件是城市的出现，人群聚集的城市是文明的标志。一般认为，最早的文明是在公元前3500年左右美索不达米亚的苏美尔人那里出现的。

（一）从丛林法则到人类文明

丛林法则（The Law of the Jungle）或称森林法则、弱肉强食法则，是自然界的普遍规律。在自然界中由于生存竞争，消灭其他竞争者以求得生存是一个自然过程（虽然生物之间也有少数互利共生的情况，但生存竞争是主要现象）。这个词语有另一个含义，在西方常被用于描述人类社会中所有人自私自利，靠暴力或无底线竞争赢过其他人，不在乎法治和公平，竞争力较差的人就被淘汰。某些信仰种族主义、帝国主义、殖民主义、军国主义、法西斯主义等的人物，视丛林法则为天条，应用到社会各个方面。

适者生存（Survival of the Fittest），是以竞争取得生

存或优势。赫伯特·斯宾塞在 1864 年于其著作《生物原理》（Principles of Biology）提出。达尔文把适者生存称为自然选择，他说："自然选择（Natural Selection，也译为天择）指生物的遗传特征在生存竞争中，由于具有某种优势或某种劣势，因而在生存能力上产生差异，并进而导致繁殖能力的差异，使得这些特征被保存或者淘汰。"自然选择则是演化的主要机制，经过自然选择而能够成功生存，称为"适应"。自然选择是唯一可以解释生物适应环境的机制。

人类社会必然是远离弱肉强食的丛林法则社会，进步到以法治保护所有人的生命安全与合法权益的人类文明社会。霍布斯用社会契约论解释社会秩序："独立的个人为摆脱'人自为战'的混乱状态，相互缔结契约，形成社会秩序。"

（二）被忽视的美国制度安排

《纸牌屋》（House of Cards）[①] 是美国 Netflix 出品的政

---

① 《纸牌屋》（House of Cards）由奈飞公司（Netflix）出品的政治题材电视剧，改编自迈克尔·道布斯创作的同名小说，由詹姆斯·弗雷、大卫·芬奇等执导，鲍尔·威利蒙改编，凯文·史派西、罗宾·怀特、迈克尔·凯利、拉斯·米科尔森、凯特·玛拉、克里斯汀·康诺利等主演。

治题材电视剧，看过该剧的人会对美国国家制度有所了解。美国的国家制度设计旨在保障公民权益和维护政治稳定，具有分权制衡、选举产生、宪政原则等一系列特点。

其一，联邦制度：美国由50个州组成的联邦制国家，中央政府和各个州政府各自拥有宪法规定的权力和职责。

其二，分权制衡：美国实行三权分立制度，即行政、立法和司法三权，相对独立、相互制衡。总统、国会和最高法院是三大核心政治机构，共同参与国家治理。

其三，选举产生：美国选举体系及其机制相对简单，每四年进行一次总统选举，选出总统和副总统。同时还有众议员、参议员、州长等各级官员的选举。选举方式主要采用直接投票。

其四，宪法规范：美国宪法是国家的最高法律文件，规范了联邦制、三权分立、权力制衡、选举等制度，是美国政治的基石。

其五，地方自治：美国的州和地方政府拥有宪法规定的独立权力和地方自治权，通过州法和地方法规制定和实施政策。

美国国家制度通过联邦制、三权分立、地方自治等机制，将政治权力分散到不同的机构和层面，从而保障了政府的稳定运作，避免了权力的集中和滥用。通过民主选举机制，允许公民自由选择候选人，代表人民的利益和意愿。美国国家制度是以法治为基础的政治体制，宪法下的法治保证了个人和团体的权益，在保障公民权益的同时规范人们的行为，增强国家制度的稳定性。制度和文化保障了美国政府民主选举、有效运作、法治社会的发展，进而支撑了美国的强大和繁荣。

（三）善用规则者胜

当人类社会开始使用规则维护秩序，意味着由丛林法则进入人类文明。当初，美国国家制度的设计者面对已知的各种问题，制定出了有效的解决方案。今日美国的成功是制度安排的成功。当然，不可能有完美到没有任何问题的制度安排，美国当然会有制度漏洞，但总的来说美国的制度安排已经相当成功。

桥水创始人瑞·达利欧在接受《纽约时报》采访时，把桥水的成功归结为创意择优（Idea Meritocracy）。

创意择优的规则：

1. 把自己的真实想法摆在台面上，不要遮遮掩掩。

2. 收集经过深思熟虑的不同意见，反复思考，公开讨论，人们在学习中会转变自己的想法。

3. 如果仍然存在分歧，建立一个超越分歧相互认同的决策方法。

4. 整个过程中，允许人们看到一切，说出一切，也就是绝对透明、绝对坦诚。

5. 规则的目的就是要提出最好的想法，因此允许人们可以独立思考，同时也创造一种能力，让大家可以超越分歧和争执。

6. 不需要盲目跟随者。需要的是能够了解事情发展情况并能跨越分歧的人。这是组成一个团队需要的东西。

规则尊重不同个体的独立思考，但同时它也可以帮助人们超越分歧，做出有效的决策。有了创意择优的规则，可以预防组织出现"1+1<1"的情况，推动形成合力，每个人的创意都能公开并在讨论中得以优化，最终因为有超越分歧相互认同的规则，团队经过"创意择优"生产出原本任何一个

人都难以完成的创意,即善用规则提升组织的生产力。

美国在科技、教育、军事、经济、文化领域的全球领先常被热议,但重要的制度安排多被忽视。美国很幸运,地理位置上一边大西洋一边太平洋,陆地两边分别是加拿大和墨西哥,地缘政治上有优势。北美的资源丰富,当年从英国来的清教徒为主的新移民带来英国的人类文明。特别是,美国的开国者们借鉴已有的人类文明,并将他们每个人的经历以及知识融入形成美国早期的制度安排。从美国的成功可以得到启发,国家或组织竞争优势的根源在制度安排上,你的团队要成功一定要善用规则,制定规则并严格遵守。当有新问题的时候,更新规则。如果没有更新规则,就必须执行。善用规则能够预防错误,减少不确定性,持续地增加收益。

第四节　历练突破

历练是通过经历挫折和困境获得经验与成长,是一种历经磨难,有所体验和深刻感悟。意味着通过亲身的经历体验获得相关的阅历经验,从而增长见识、提高专业能力,提升个人的综合素质。

突破指冲破瓶颈，走出困境，是在前进的道路上顶着压力，解决问题，不断地探索进而获得阶段性成就。

历练突破是在一定领域内经历锻炼后突破自身和环境的限制，实现跨越式的发展。在生活、学习和工作的不同场景下，历练突破所对应的具体行为有所不同，但其核心价值是相通的，在于主动经历，刻意练习，重点突破。

（一）有计划的体验与随机的体验同样重要

当你要改变自己，让自己变得更好，就需要给自己制定一套规则，并遵守执行这一套规则。其中，有一个特别重要的节点是如何用规则帮助自己历练突破。

首先，有计划的体验与随机的体验同样重要。假设一个人去某一个城市旅行，一般会提前制定这次旅行的行程，有了行程，这次去几天，每一天从早到晚做什么，已经提前计划安排好了，这是一个有计划的体验。怎么让这次旅行的体验效果更好？在这次旅行总的时间内拿出来一部分时间安排随机的体验，就是不要把旅行全部提前计划安排好。

这次旅行有行程的部分就按照行程，没有行程的部分你就随机逛逛，彻底的自由行。有计划的体验和随机的体验同样重要，两者结合会带来意外的收获。

有计划的体验，例如：细分领域的主题旅行，5000元预算的创业，年度导师计划，精读经典计划，网上学习《批判性思维》《信息检索》课程，等等。

随机的体验，例如：读一本自己不知道的排行榜图书；参加一场音乐会，感受现场氛围；看一部你不喜欢的获奖电影；去陌生的环境度假三五天；参加一个短期课程；等等。

那么，人生呢？

是不是可以一部分提前规划好，一部分作为随机的且自由的？

（二）重新定义痛苦

《纸牌屋》第一季的第一集，男主角弗兰西斯·安德伍德说："痛苦分两种，一种让你变得更强，另一种毫无价值，只是徒添折磨。"

随着一个人年龄的增长和阅历的丰富，他对痛苦的理解会发生变化，特别是经受了人生多次挫折。当这个人经受住了考验，解决问题、突破困难、拿到结果，回过头再看经历的那些痛苦，他可能会赋予痛苦不同的解读。因此，我们需要建立某种行为模式把早已经熟悉的概念进行阶段性的重新定义。以痛苦来说，大多数人认为痛苦是不好的，似乎没有人想要主动经历痛苦，但是当一个人因为经历痛苦获得成长的经验多了以后，这个人对痛苦会有全新的定义。

进化是每个人不可避免的，唯有痛苦才能给予人真正的刺激，清醒我们的认知。有了痛苦的刺激，才有可能突破现在的自我，从痛苦刺激的反复推动直到突破是完成一次进化。一个人的进化必然是和痛苦紧密联系的，几乎没有办法做到没有痛苦的进化。必须重新定义痛苦，主动去思考如何能够更好地借助痛苦的刺激，让自己更有效地实现持续的自我突破。

总的来说，特别的经历有益于个人的成长。例如曾国藩经历过的悬牌批责、长沙受辱、靖港之败、祁门受困、巡抚得而又失等，切肤之痛，夜不能寐，咸丰七年才恍然彻悟。

（三）观念上突破

人同时活在两个世界，原本的现实世界与传播的舆论世界。舆论世界是别人用电影、电话、报纸、电视、微信、微博等媒介传播给我们的世界。沃尔特·李普曼说："直接面对的现实环境实在是太庞大、太复杂、太短暂了,我们并没有做好准备去应付如此奥秘、如此多样、有着如此频繁变化与组合的环境。虽然我们不得不在这个环境中活动,但又不得不在能够驾驭它之前使用比较简单的办法去对它进行重构。"①

观念上突破指打破既有思维定式,突破自身的局限,从而实现进步。每个人在成长过程中都会形成自己的观念,而这些观念是建立在文化背景、自身经验等基础与限制上的。一个人如果只停留在既有的观念上,必定面临发展瓶颈,难以觉察环境变化与应对新的机遇与挑战。

"观念"可以理解为:概念+价值判断。例如"吃"的观念,如果一个人在饥饿状态下,"吃"主要是吃饱(概念+价值判断);当他在能吃饱、食物充足可以任意选择的情况下,"吃"变为味道、美味可口(概念+价值判断);当他在食物充足、美味可口都能满足的情况下,并且有足够的时间与饮食知识,"吃"变为营养健康(概念+价值判断);当他在食物充足、美味可口、营养健康都能满足

---

① [美国]沃尔特·李普曼:《公众舆论》,上海人民出版社,2006年版。

的情况下，有足够的时间与饮食知识，"吃"变为从个人的生命系统视角作出决策（概念＋价值判断）。

一个人要在观念上突破，可以通过与其他人交流、阅读相关资料，尝试从不同的视角来看待问题；可以逆向思考，设想不同种类的解决方案；学习其他领域的思考方法等方式挑战自身的模式化思维；并且接受他人对自己思维和行为的反馈，了解自身的局限从而找到突破限制的方法。

观念上的突破并不容易，特别是能对人生起到决定性意义的。要想在短期内实现观念上突破，就需要足够的痛苦与特别的能力。大多数人只有在足够痛苦时，才能够清醒地意识到问题真的存在。如果没有痛苦或者痛苦程度不够，问题就会被忽略或被拖延，只有足够的痛苦刺激才让人真正的重视起来。少数人才会有特别的能力，能够用同理心或者旁观者的观察，从他人的痛苦中洞察本质并获得启发。也有少数人能够从逻辑推理上理解痛苦，找到自己的突破点。

（四）善用贪婪、懒惰

善用贪婪、懒惰是有原则的贪婪、懒惰，可以帮助你做得更好。

第一，有人小富即安，有人永不满足。

请注意，这是贪婪的关键点，小富即安好还是永不满足好？这里不评价，只告诉你一定是永不满足的人比小富即安的人更加努力，对不对？

每个人的精神、心态，虽然看不见，但对这个人有至关重要的影响。用好贪婪，让你志存高远，成就更精彩的人生。

每个人都可以用贪婪驱动，开放，进取，不要固步自封，小富即安。人生，真的如逆水行舟，不进则退，要不断地用新的目标点燃你的进取之心。

第二，懒惰的力量。

好的懒惰是不做无用功，不浪费，更有质量与更高效率。不断地追求用好工具（好方法），而不是一味地傻干蛮干，乱干一通。

比方说从山上取土，有人用手，有人用铁锨，有人用铲车，有人用炸药。要聪明的懒惰，不要愚蠢的勤劳。

每个人的注意力，时间、精力、能力、资源都是有成本、有代价的，要不停地问自己，如何更省更好？

观念，可以理解为：概念＋价值判断。观念上突破是指打破既有思维定式，重新定义痛苦，有计划的体验（提前规划好的）与随机的体验（随机且自由的）使自己能够突破自身的局限。

第五节　改变的方法

（一）改变行为：做到才能知道

1. 突破见识少的四个方法

突破见识少的第一个方法是做事。主动做事能丰富自己的经历。经历丰富，必然见多识广。只要条件允许，尽量主动做事，并且在做事中勤于观察与思考。比较自己和做得好的人差距在哪里，思考原因并改进，通过做事长见识的效果最好。当然，做事有局限，很多事情没法做，例如在不同的城市、不同的公司做事，你的见识就不一样。如果你在北京、上海、广州、深圳，如果你在央企、跨国公司，做事长见识就比较容易。其中的道理，可以举一反三。

突破见识少的第二个方法是社交。古人云："听君一席话，胜读十年书。"结交比你优秀的人，特别是那些经历多、有成就的人，他们见多识广且做事都经过社会的验证，可信度高。通过社交突破见识少的局限在于，优秀的人为什么愿意和你交朋友、为什么要指点你？要反复去想人家为何愿意与你交往，愿意帮助你成长。同时，因为自己的年龄、经历等原因，可能人家给你说得很清楚，你却听不懂，想不明白。这就要你自己下功夫，多努力，主动想办法解决。

突破见识少的第三个方法是旅行。在不同城市地区的经历，通过亲身体验作比较获得感悟。可以选择主题旅行，也可以选择在一个城市工作、生活上一段时间，都能长见识。例如有人说，计划去东京看日本的商业，也有计划去美国硅谷看创新。如果你去了，对日本的商业、对硅谷的创新会有新的理解，是从旅行中突破了见识少。当然，也可以去北京、上海，去深圳、广州、杭州，去西藏、新疆，去中国各地旅行长见识。通过旅行突破见识少的局限，主要是时间、费用和安全问题，有人时间不行，有人经济上暂时不行，有人担心安全，不愿单独出行。可以想想，怎么找到适合自己的旅行。旅行一般应该有主题，一部分有行程计划，一部分可以随机，结束之后要做功课，把自己感兴趣的、有启发的新概念，查阅资料，深入研究。

突破见识少的第四个方法是读书。读书长见识的性价比最高。书是媒介，读书可以穿越时空，与古今中外的杰出人物对话。例如，读《道德经》就是与老子对话；你还可以向莎士比亚、巴尔扎克、富兰克林请教，你可以与沃伦·巴菲特、查理·芒格、瑞·达利欧对话，也可以与司马迁、曾国藩等人通过书进行模拟讨论。任何一位杰出人物，只要他有著作，你就可以穿越时空与他对话。也可以在自己遇到问题的时候找一本书，看书上怎么写，是如何解释与解决问题的。例如，你要考雅思，买一套雅思教材。

曾经将人类文明比作超级水库，每一个人是小水桶，如何把自己的小水桶和人类文明的超级水库接通？读书就是性价比最高的接通。可以想一想，做事是不是？社交是不是？旅行是不是？其实做事、社交、旅行、读书都是让你与人类文明的超级水库接通。只是方式不同，效果与效率不同。读书的局限，主要有三个：选书难、理解难和应用难。（具体可以参阅拙著《读书的秘密》）

你有没有注意到，突破见识少的方法是对应之前所讲见识少的五个方面原因：第一，地理环境上的原因，对应的是旅行；第二，交往、相处过的人，对应的是社交；第三，你经历过的事情，对应的是做事；第四，获得的所有信息，对应的是读书，包括看报纸、电影，听演讲，参加课程等，只要是从读或者听获得信息都算；第五，你的思想，对应的是做事、社交、旅行、读书四个方面结合起来的平衡发展。

2. 克服不理性的一个方法

克服不理性的一个方法是早起，醒即起，不拖延。这是一贯强调的先做后想，一些人懒惰，没有行动的原因主要是想得太多。克服不理性，反人性的方法有效，养成果断行动的行为模式。

为什么说早起是克服不理性最好的练习？因为早晨，人性总想多睡一会儿，习惯赖床。克服懒惰，早起是最好的练习方法。但是要保证睡眠的时间（例如，睡够八小时），不要半夜一两点睡，早晨四五点就早起。

另外，早起做事容易专注。白天，时间容易受到干扰，早起的一两个小时有助于你学习、思考、做计划。早起是你可以自己做主的时间。

说到一个人的改变，是行为上先改变而不是思想上先改变。大多数的事情是做到才能知道，好比说你没有去过一个城市，无论想了多少或者看了多少资料，你对这个城市的认知还是有限的。如果能去这个城市走一圈，你对这个城市的认知就会发生变化。可以把它理解为你做到了，才能知道。因为很多的隐性知识，如果没有物理上的亲身经历，很难对其有较为完整的体验。因此，优先的改变是行为上的改变。做到了就容易知道，就容易改变自己的观念。

（二）"5+1"通关升级

每个人来到这个世界，都是第一个通关升级"生命之门"的冠军。第二个通关升级是"大学之门"，第三个通关升级是"价值声誉"，第四个通关升级是"财务自由"，第五个通关升级是实现内心的"人生巅峰"。还有一个隐藏的通关升级是一生的"平安健康"。

"大学之门"的大学重要在于环境，自学没有这个环境。好老师和好同学，课程的系统性，以及在校园数年生活的文化熏陶。在大学，学教材、学老师、学同学，参与活动，无意识能学到很多知识，是自己读书几乎做不到的。好的"大学之门"通关升级，决定一个人进入社会时的起点（家庭背景特殊者除外）。

"价值声誉"核心是做人做事，要提高就要在这两个点上下功夫。"做人"让自己更有能力、资源和影响力；乐于助人但要有原则，讲方式方法；有信誉，言必行、行必果。"做事"好谋而成，分段治事，不疾而速，无为而治（这16个字来自李嘉诚先生）。一个人因"价值"而获得"声誉"。中国人讲的"名利"，"价值声誉"相当于"名"，有了"名"，大家信任，你就容易成功。

"财务自由"不是一个标准，是多个标准，或者说是多个范围。举例更容易说清楚，一个人有自己的生活理念和生活方式，有房、有车、有医保，不用上班，退休金足够日常生活及各种开支，就可以视作"财务自由"。这是大多数人通过奋斗都能实现的。

内心的"人生巅峰"，因人而异。例如，运动员可能是获得奥运冠军，站在领奖台上奏国歌那一刻。可以理解为一个人实现了自己人生最大的心愿。其实，你内心有"人生巅峰"，就能有精神力量，能够自我激励。当有朝一日，实现内心的"人生巅峰"，那一刻你将瞬间顿悟"活出精彩"的本质！

隐藏的通关升级是一生的"平安健康"。除了五个看得见的通关升级，还有一个通关升级是平安健康，虽然看不见，但它是基本的重要的。人这一生必须面对"5+1"通关升级，你全部通过，将获得一个自我比较满意的得分。可能有人不同意这种说法，但"5+1"通关升级可以是思考人生的一个视角。

（三）持续的进化

1. 未来

人类的未来，有人乐观，也有人担忧。尤瓦尔·赫拉利在《未来简史》中提出："如果科学发现和科技发展将人类分为两类，一类是绝大多数无用的普通人，另一类是一小部分经过升级的超人类，又或者各种事情的决定权已经完全从人类手中转移到具备高度智能的算法。"卡辛斯基[①]认为："无论其他情况如何，可以肯定的是，技术正在为人类创造一个新的物理和社会环境，与自然选择使人类在身体和心理上适应的环境范围截然不同。如果人类不能通过人为的重新设计来适应这个新环境，那么他将通过漫长而

---

① 特德·卡辛斯基（Ted Kaczynski），邮包炸弹制造者，曾担任加州大学伯克利分校数学助理教授。

痛苦的自然选择过程来适应它。前者比后者更有可能。"①
"未来要么人类无法幸存下来，要么个人空前地依赖大型组织，空前地'社会化'，人类的生理和心理是设计和改造的结果，而不是自然的产物。"②

对个人来说，重要的是认知进化，因此学习查理·芒格等杰出人物是非常必要且高价值的。查理·芒格说："最成功的培训模式是飞行员的培训模式，因为这种模式的有效性，飞行事故的发生率极低。"刘建位博士将查理·芒格说的飞行员培训模式总结为"先博后专心不乱，步步检查看清单"③。先要博学，掌握多学科的多元思维模型；后要专精，精通某个专业；还要心不乱，心乱就会出大错。要像

---

① 原文为：Whatever else may be the case, it is certain that technology is creating for human begins a new physical and social environment radically different from the spectrum of environments to which natural selection has adapted the human race physically and psychological. If man is not adjust to this new environment by being artificially re-engineered, then he will be adapted to it through a long an painful process of natural selection. The former is far more likely that the latter.
② 法国科学家埃玛纽埃尔·沙尔庞捷和美国科学家珍妮弗·杜德纳获得了2020年诺贝尔化学奖。她们"研发了一种基因编辑方法"，重写了"生命密码"。这种技术工具名为 CRISPR/Cas9。
③ ［德国］罗尔夫·莫里安，海因茨·温克劳：《查理·芒格投资精要》，中信出版集团，2023年版。

飞行员驾驶飞机一样，先建立检查清单，然后逐一对照，逐一核实，一项也不能少。

"先博"就是要有见识，"后专心不乱""看清单"就是要做到理性。

2．进化

（1）关注自由时间

首先，你要重新定义"习惯"。在这里，把习惯解释为不用思考完成的事情。你根本不用去想，就能够自动完成的事情，称之为习惯。

把一天的24小时分为：其一，睡眠时间，场景主要在家；其二，餐饮时间，场景主要是在餐厅、咖啡厅，在家、办公室、车里面当然也可以吃东西；其三，工作时间，场景主要在办公室、在家、在车里面能工作的地方也可以算工作场景；其四，其余是自由时间，可以在家、电影院、户外、餐厅等不同的场景。

当看清楚一天24小时主要的时间结构和对应的主要场景，可以进一步地分析：

第一，反思合理性。

你的睡眠时间、餐饮时间、工作时间和自由时间是合理的还是不合理；是不是必须，是不是不得不做，这是最基本的评估。睡眠、餐饮、工作是需要的，自由时间有弹性，比较灵活，要对自由时间进行更仔细的评估。

第二，反思有效性。

你和周围人比较是不是有效，质量和效率怎么样？有效，你就继续；非有效，你就要追赶超越。合理是针对自己的，有效是你和周围人的比较。

第三，反思成长性。

什么是成长性？就是你现在的习惯是不是为未来积累价值。你的习惯如果是在为未来积累价值，和未来价值是确定的因果关系，那你的习惯是具有成长性的。如果没有，那就不具有成长性。

如果有成长性那就继续，如果没有成长性，一定要调整。

睡眠、餐饮、工作时间之外的自由时间是关键所在，请把更多的注意力放在自由时间。

（2）每日练习

做事、社交、旅行、读书，你选一个。随便选一个没问题，你不知道选哪一个并不重要。什么重要？只选一个

第六章　用规则做得更好

重要。只选一个，把注意力放在上面，坚持一段时间。（时间多长？你觉得你是天才，至少六个月。如果你不是天才，至少18个月吧）

记住只选一个，把注意力放在这个上面，这一段时间其它的不用管。注意你的自由时间。每天都要做，在你的自由时间，做四点：

a. 早起

b. 记录10分钟

c. 运动20分钟

b. 能力30分钟（你选的一个）

早起，不用每天都做到，一周50%以上做到可以吧？一周时间，开始做到能早起三天，适应后保持在五天左右。

每天默诵：合理是判断对不对，有效是判断强不强，成长是判断是不是给未来做准备。

做10分钟记录时，坐在桌子前，问自己三句话：

a. 我今天有无做不合理的（习惯的合理性）？

b. 我今天做的和周围人比较怎么样（习惯的有效性）？

c. 我今天做的是不是与未来有关联，是在做准备（习惯的成长性）？

运动推荐：单独完成的有走路、慢跑或游泳；双人对抗的，击剑、剑道，选一个即可，按周坚持。注意，也不是要你每天都做，一周做到三天（次）以上就可以。请把注意力专注在理解上面说的，早起治懒病，运动磨练意志且对情绪好。

如果自己40码的脚，就不要穿42码的鞋。

当然，人必然是有限的见识与有限的理性，因为"吾生也有涯，而知也无涯"，生命是有限的而知识是无穷尽的；同时，人的理性深受所处环境、面对事物和计算能力的限制。

下面是一个流传很久的笑话：

一些人在森林里，看见远处有一头熊，一个人急忙换跑鞋，旁边人问他："你穿上跑鞋就能跑过熊？"换好跑鞋的人说："我只要跑过你们就可以。"

最后，给各位读者留一个问题：

《罗伯特议事规则》解决了如何开好会，是否可以用一套规则解决如何培养人，培养有见识、够理性、有想象力、能讲好故事的创新者？

后　记

马尔克斯说:"生活会让一个人一次又一次地脱胎换骨。"

社会历练、学校教育、阅读与反思,特别是挫折与失败、幸运与收获,使我理解了见识与理性的价值。

本书第一稿完成于 2022 年 6 月。第二稿完成于 2022 年 11 月。

因为我自身的局限,包括并不限于生活环境、教育背景、工作经历、人际交往、阅读以及写作构思表达的局限,本书的错误之处,恳请读者朋友批评指正,不吝赐教!

本书引用的著作、文章以及名言,有的注明出处,有的未及查找,在此一并致谢!